LA RÈGLE DE SAINT BENOÎT

BENOÎT DE NURSIE

TABLE DES MATIÈRES

Prologue	1
1. Les diverses sortes de moines	5
2. Les qualités que doit avoir l'abbé	7
3. Comment recourir au conseil des frères	11
4. Quels sont les instruments des bonnes œuvres	13
5. L'obéissance	17
6. Le silence	19
7. L'humilité	21
8. Les divins offices durant la nuit	27
9. Combien dire de psaumes aux heures de la nuit	28
10. Comment célébrer la louange nocturne en été	30
11. Comment célébrer les vigiles le dimanche	31
12. Comment célébrer l'office du matin	33
13. Comment célébrer l'office du matin aux jours ordinaires	34
14. Comment célébrer les vigiles aux fêtes des saints	36
15. En quel temps il faut dire Alleluia	37
16. Comment célébrer les divins offices durant le jour	38
17. Combien de psaumes chanter à ces mêmes heures	39
18. En quel ordre il faut dire les psaumes	41
19. La manière de psalmodier	44
20. L'attitude de grand respect dans la prière	45
21. Les doyens du monastère	46
22. Comment les moines dormiront	47
23. Les fautes qui entraînent l'excommunication	48
24. Quelle doit être la mesure de l'excommunication	49
25. Les fautes graves	50
26. Ceux qui se joignent aux excommuniés sans en avoir reçu la mission	51
27. Quelle doit être la sollicitude de l'abbé à l'égard des excommuniés	52
28. Ceux qui, souvent repris, n'ont pas voulu s'amender	54

29. Doit-on recevoir de nouveau les frères qui ont quitté le monastère ?	56
30. Comment corriger les enfants en bas âge	57
31. Les qualités que doit avoir le cellérier du monastère	58
32. Les outils et les autres objets du monastère	60
33. Les moines doivent-ils avoir quelque chose en propre ?	61
34. Tous doivent-ils recevoir le nécessaire de façon égale ?	62
35. Les semainiers de la cuisine	63
36. Les frères malades	65
37. Les vieillards et les enfants	67
38. Le lecteur semainier	68
39. La mesure de la nourriture	70
40. La mesure de la boisson	72
41. À quelle heure les frères doivent prendre leurs repas	74
42. Que personne ne parle après complies	76
43. Ceux qui arrivent en retard à l'Œuvre de Dieu ou à la table	78
44. Comment les excommuniés font satisfaction	80
45. Ceux qui se trompent à l'oratoire	82
46. Les manquements commis en d'autres domaines	83
47. La charge d'annoncer l'heure de l'Œuvre de Dieu	84
48. Le travail manuel quotidien	85
49. L'observance du Carême	88
50. Les frères qui travaillent loin de l'oratoire, ou qui sont en voyage	90
51. Les frères qui se rendent en des lieux peu éloignés	91
52. L'oratoire du monastère	92
53. La réception des hôtes	93
54. Un moine peut-il recevoir des lettres ou quelque autre chose ?	95
55. Les vêtements et les chaussures des frères	96
56. La table de l'abbé	98
57. Les artisans du monastère	99
58. La manière de recevoir les frères	100
59. Les fils de nobles ou de pauvres qui sont offerts	103
60. Les prêtres qui voudraient se fixer dans le monastère	105

61. Comment recevoir les moines étrangers	106
62. Les prêtres du monastère	108
63. Le rang que l'on doit garder dans la communauté	110
64. L'établissement de l'abbé	112
65. Le prieur du monastère	115
66. Les portiers du monastère	117
67. Les frères que l'on envoie en voyage	119
68. Si l'on enjoint à un frère des choses impossibles	120
69. Que nul dans le monastère ne se permette d'en défendre un autre	121
70. Que nul ne se permette d'en frapper d'autres de façon désordonnée	122
71. Que les frères s'obéissent mutuellement	123
72. Le bon zèle que doivent avoir les moines	124
73. Toute la pratique de la justice n'est pas contenue dans cette Règle	125

PROLOGUE

É coute, ô mon fils, les préceptes du maître et incline l'oreille de ton cœur ; reçois volontiers les conseils d'un tendre père, et mets-les en pratique, afin que le labeur de l'obéissance te ramène à celui dont t'avait éloigné la lâcheté de la désobéissance. C'est donc à toi, qui que tu sois, que je m'adresse maintenant, toi qui, renonçant à tes volontés propres, prends en main les très puissantes et nobles armes de l'obéissance pour militer sous le vrai Roi, le Christ Seigneur. Et d'abord, demande-lui par une très instante prière de mener lui-même à bonne fin tout bien que tu entreprendras. Ainsi celui qui a daigné nous compter déjà parmi ses fils n'aura pas, un jour, à s'attrister de nos mauvaises actions. Car, en tout temps, il nous faut consacrer à son service les dons qu'il a mis en nous, afin que non seulement le père offensé n'ait pas à déshériter un jour ses enfants, mais encore que, tel un maître redoutable, irrité par nos mauvaises actions, il n'ait pas à nous livrer au châtiment éternel, comme de misérables serviteurs qui n'auraient pas voulu le suivre jusqu'à la gloire.

Levons-nous donc, enfin, à la voix de l'Écriture qui nous stimule en disant : Voici l'heure pour nous de sortir du sommeil. Les yeux ouverts à la lumière de Dieu et les oreilles attentives, écoutons cet avertissement divin que nous adresse chaque jour la voix qui nous crie : Aujourd'hui, si vous entendez sa voix, n'allez pas endurcir vos cœurs ; et encore : Que celui qui a des oreilles pour entendre écoute ce que l'Esprit dit aux Églises. Et que dit-il ? Venez, mes fils, écoutez-moi : je vous enseignerai la crainte du Seigneur. Courez, pendant que vous avez la lumière de vie, de peur que les ténèbres de la mort ne vous saisissent.

Le Seigneur, se cherchant un ouvrier dans la multitude du peuple, adresse à tous cet appel : Quel est l'homme qui veut la vie, et désire connaître des jours heureux ? Que si, à cette demande, tu réponds : « C'est moi », Dieu te dit alors : Si tu veux avoir la vie véritable et éternelle, garde ta langue du mal et que tes lèvres ne profèrent pas de paroles trompeuses. Détourne-toi du mal et fais le bien ; cherche la paix et poursuis-la. Et lorsque vous agirez de la sorte, mes yeux seront sur vous et mes oreilles attentives à vos prières ; et avant même que vous m'invoquiez je dirai : « Me voici. » Quoi de plus doux pour nous, frères très chers, que cette voix du Seigneur qui nous invite ? Voici que, dans sa bonté, le Seigneur lui-même nous montre le chemin de la vie.

Que la foi et la pratique des bonnes œuvres nous disposent donc, comme une ceinture autour des reins, à marcher en avant par les sentiers que nous trace l'Évangile, afin que nous méritions de voir celui qui nous a appelés dans son Royaume. Si nous voulons habiter dans sa demeure royale, il faut courir par la pratique des bonnes œuvres, faute de quoi, nous ne pourrions y parvenir. Mais interrogeons donc le Seigneur, en lui disant avec le Prophète : *Seigneur, qui habitera dans ta demeure ? Qui se reposera sur ta montagne sainte ?* Après cette interrogation, mes frères, écoutons le Seigneur qui nous répond, et nous montre la voie qui donne accès à cette demeure, disant : *C'est celui qui marche sans tache et accomplit la justice, celui qui dit la vérité du fond de son cœur, qui n'a pas prononcé de paroles trompeuses, qui n'a pas fait de mal à son prochain, ni pris part aux discours injurieux contre lui.* C'est celui qui, sollicité par le diable malin, le repousse, lui et ses suggestions, loin des regards de son cœur, le met à néant, saisit les premiers rejetons de la pensée diabolique et les brise contre le Christ. Ce sont ceux qui, craignant le Seigneur, ne s'enorgueillissent pas de leur bonne observance : estimant au contraire que le bien qui se trouve en eux ne procède pas d'eux-mêmes, mais est accompli par le Seigneur, ils le glorifient de ce qu'il opère en eux, et lui disent avec le Prophète : *Non pas à nous, Seigneur, non pas à nous, mais à ton Nom donne la gloire.* De même, l'apôtre Paul ne s'est rien attribué du succès de sa prédication, lorsqu'il dit : *C'est par la grâce de Dieu que je suis ce que je suis.* Et il dit encore : *Que celui qui se glorifie, se glorifie dans le Seigneur.*

C'est pourquoi le Seigneur dit dans l'Évangile : *Celui qui écoute mes paroles et les accomplit, je le comparerai à un homme sage qui a bâti sa maison sur le roc. Les fleuves ont débordé, les vents ont soufflé et se sont déchaînés contre cette maison, mais elle n'est pas tombée, car elle était fondée sur le roc.* Cela dit, le Seigneur attend de nous que nous répondions chaque jour par nos œuvres à ces saints avertissements. C'est pour l'amendement de nos fautes que les jours de cette vie nous sont prolongés, ainsi que le dit l'Apôtre : *Ignores-tu que la patience de Dieu t'invite à la pénitence ?* Car notre miséricor-

dieux Seigneur dit aussi : Je ne veux pas la mort du pécheur, mais qu'il se convertisse et qu'il vive.

Lors donc, mes frères, que nous avons interrogé le Seigneur sur celui qui habitera dans sa demeure, nous avons appris les conditions requises pour y habiter ; c'est donc à nous de remplir les obligations qui incombent à cet habitant. Il nous faut donc préparer nos cœurs et nos corps à militer sous la sainte obéissance aux commandements. Quant à ce qui semble dépasser nos forces, prions le Seigneur d'ordonner à sa grâce de nous porter secours. D'autre part, désireux d'échapper aux peines de l'enfer, et de parvenir à la vie éternelle, tandis qu'il en est encore temps, que nous sommes en ce corps, et que nous pouvons accomplir cela à la lumière de cette vie, courons et faisons, dès ce moment, ce qui nous sera profitable pour toujours.

Nous allons donc constituer une école du service du Seigneur. En l'instituant nous espérons ne rien établir de rude ou de pesant. Néanmoins, si, conformément à la règle de l'équité, nous allons jusqu'à un peu de rigueur, pour l'amendement des vices et pour la sauvegarde de la charité, garde-toi bien, dans un mouvement de frayeur, de fuir la voie du salut, dont l'entrée est toujours étroite ; en effet, à mesure que l'on avance dans la vie religieuse et dans la foi, le cœur se dilate, et l'on court dans la voie des commandements de Dieu avec la douceur ineffable de l'amour. Ne nous écartant jamais de son enseignement, et persévérant en sa doctrine dans le monastère jusqu'à la mort, nous participerons aux souffrances du Christ par la patience, afin de mériter d'avoir part à son Royaume. Amen.

1
LES DIVERSES SORTES DE MOINES

Il y a manifestement quatre sortes de moines. La première est celle des cénobites, c'est-à-dire de ceux qui demeurent dans les monastères, militant sous une règle et sous un abbé.

La deuxième sorte est celle des anachorètes, c'est-à-dire des ermites. Ceux-ci n'en sont plus à la ferveur des débuts dans la vie religieuse, car une longue période de probation au monastère leur a appris, avec l'aide et les leçons de plusieurs, comment l'on tient tête au démon. Suffisamment aguerris, ils passent de la milice fraternelle au combat solitaire du désert, assurés que désormais, sans l'assistance d'autrui, ils peuvent combattre, Dieu aidant, par leur seule main et leur seul bras, contre les vices de la chair et des pensées.

Il existe une troisième sorte de moines, mais combien détestable ! C'est celle des sarabaïtes. Aucune règle ne les a éprouvés, comme l'or dans la fournaise, ils n'ont pas bénéficié des leçons de l'expérience, mais se sont amollis comme du plomb ; leurs actes témoignent qu'ils gardent leur foi au monde et mentent ouvertement à Dieu par leur tonsure. À deux ou trois, ou même tout seuls, sans pasteur, ils s'enferment, non dans les bergeries du Seigneur, mais dans leur propre bercail. Ils n'ont d'autre loi que la satisfaction de leurs désirs ; car tout ce qu'ils pensent ou préfèrent, ils le tiennent pour saint, et tout ce qui ne leur plaît pas, ils le regardent comme illicite.

La quatrième sorte de moines est celle des gyrovagues. Ils passent toute leur vie à courir de province en province, restant trois ou quatre jours dans différents monastères, sans cesse errants, jamais stables, esclaves de leurs caprices et adonnés aux plaisirs de la bouche, enfin, pires en tous points que les sarabaïtes. Il vaut mieux se taire que de parler davantage de la misérable condition de tous ces gens. Laissons donc les uns et les autres, et, avec l'aide du Seigneur, venons-en à l'organisation de la très vaillante sorte de moines, celle des cénobites.

2
LES QUALITÉS QUE DOIT AVOIR L'ABBÉ

L'abbé qui est jugé digne de gouverner le monastère doit se souvenir sans cesse du nom qu'on lui donne, et justifier par sa manière de vivre son titre de supérieur. En effet, la foi nous fait estimer qu'il tient, dans le monastère, la place du Christ, comme il en porte le titre, d'après ces paroles de l'Apôtre : *Vous avez reçu l'esprit d'adoption filiale, qui nous pousse à crier : « Abba », c'est-à-dire « Père ».* L'abbé ne doit donc rien enseigner, rien établir ou prescrire qui s'écarte des préceptes du Seigneur ; mais ses ordres et son enseignement doivent se répandre dans l'esprit de ses disciples comme le levain de la divine justice. L'abbé doit se souvenir sans cesse qu'au redoutable jugement de Dieu, il sera examiné sur deux points : son enseignement et l'obéissance de ses disciples. Qu'il sache qu'on regardera comme faute du pasteur tout ce qui manquera aux brebis du Père de famille. En revanche, s'il a consacré toute sa sollicitude de pasteur à un troupeau turbulent et indocile, s'il a dépensé tous ses soins pour guérir leurs actions maladives, alors il sera lui-même absous au tribunal divin, et il pourra dire au Seigneur avec le Prophète : *Je n'ai point dissimulé ta justice dans mon cœur, j'ai annoncé ta vérité et ton salut ; mais ils n'en ont fait aucun cas, et ils m'ont méprisé.* Alors les brebis qui ont résisté à tous ses soins auront pour châtiment la mort qui fondra sur elles.

Celui qui reçoit le nom d'abbé, doit donc gouverner ses disciples par un double enseignement : il leur montrera tout ce qui est bon et saint par ses œuvres plus encore que par ses paroles. À ceux qui sont réceptifs il enseignera par ses paroles les préceptes du Seigneur ; aux durs de cœur et aux simples, il les fera voir par son exemple. C'est par ses actions qu'il doit apprendre à ses disciples à éviter ce qui est contraire à la loi divine, *de peur qu'après avoir prêché aux autres il ne soit lui-même réprouvé,* et que Dieu ne lui dise un jour à cause de ses fautes : *Pourquoi proclames-tu mes lois et as-tu toujours mon alliance à la bouche, alors que toi, tu détestes la discipline et que tu rejettes derrière toi mes paroles ?* Ou encore : *Toi qui apercevais une paille dans l'œil de ton frère, tu ne voyais pas la poutre dans le tien !*

Que l'abbé ne fasse point de discrimination entre les personnes dans le monastère. Qu'il n'aime pas l'un plus que l'autre, à moins qu'il ne le trouve meilleur dans ses actes et son obéissance. Qu'il ne préfère pas l'homme libre à celui qui vient de la condition servile, à moins qu'il y ait à cela une cause raisonnable. Si, pour un juste motif, l'abbé pense pouvoir faire cette distinction, qu'il en use à l'égard de chacun, quelle que soit sa condition ; sinon, que chaque frère garde sa place : en effet, libres ou esclaves, nous sommes tous un dans le Christ, et nous portons tous les mêmes armes au service d'un même Seigneur, *parce qu'il n'y a pas acception de personnes auprès de Dieu.* Ce qui nous distingue seulement à ses yeux, c'est qu'il nous trouve meilleurs que d'autres en bonnes œuvres et en humilité. Que l'abbé ait donc une égale charité envers tous ; il n'y aura pour tous qu'une même discipline, appliquée selon les mérites de chacun.

Dans son enseignement, l'abbé doit toujours garder cette règle donnée par l'Apôtre, quand il dit : *Reprends, exhorte, menace.* Cela veut dire que, s'adaptant aux besoins du moment, mêlant la douceur aux menaces, il montrera tantôt la sévérité d'un maître, tantôt la tendresse d'un père. Cela veut dire qu'il doit reprendre plus durement ceux qui sont indisciplinés et turbulents, tandis qu'il lui suffira d'exhorter à faire de nouveaux progrès ceux qui sont dociles, doux et patients. Quant aux négligents et rebelles, nous l'avertissons de les menacer et de les corriger. Qu'il ne ferme pas les yeux sur les fautes des coupables ; mais qu'il s'applique, autant qu'il le pourra, à les retrancher jusqu'à la racine, dès qu'elles commencent à paraître, se souvenant du malheur d'Eli, grand prêtre de Silo. Pour ceux qui sont délicats et capables d'intelligence, il lui suffira de les reprendre une fois ou deux par des admonitions ; mais ceux qui sont mauvais et durs de cœur, orgueilleux ou rebelles, il les réprimera par des coups et autres châtiments corporels, dès qu'ils commenceront à mal faire, se souvenant qu'il est écrit : *L'insensé ne se corrige pas par des paroles.* Et encore : *Frappe ton fils avec le bâton, et tu délivreras son âme de la mort.*

L'abbé doit se rappeler sans cesse ce qu'il est, se souvenir du titre qu'il porte, et savoir qu'il est exigé davantage de celui à qui il a été davantage donné. Qu'il considère aussi combien est difficile et ardue la charge qu'il a reçue de conduire les âmes, et de se mettre au service de tempéraments fort divers. Tel a besoin d'être conduit par la douceur, tel autre par les réprimandes, tel encore par la persuasion. Il doit donc se conformer et s'adapter aux dispositions et à l'intelligence de chacun, en sorte qu'il puisse non seulement préserver de tout dommage le troupeau qui lui est confié, mais encore se réjouir de l'accroissement de ce bon troupeau.

Avant tout, qu'il se garde de négliger ou de compter pour peu le salut des âmes qui lui sont confiées, donnant plus de soins aux choses transitoires, terrestres et caduques ; mais qu'il considère toujours que ce sont des âmes qu'il a reçues à conduire et qu'il en devra rendre compte. Et pour qu'il ne soit pas tenté de se préoccuper à l'excès de la modicité éventuelle des ressources du monastère, il se souviendra qu'il est écrit : *Cherchez d'abord le Royaume de Dieu et sa justice, et le reste vous sera donné par surcroît.* Et encore : *Rien ne manque à ceux qui le craignent.* Qu'il sache que ce sont des âmes qu'il a reçues à conduire et qu'il soit prêt à en rendre compte. Quel que soit le nombre des frères confiés à ses soins, qu'il tienne pour certain qu'au jour du jugement il devra rendre compte au Seigneur de toutes ces âmes, et de plus, sans nul doute, de la sienne propre. Ainsi préoccupé constamment de l'examen que subira un jour le pasteur au sujet des brebis à lui confiées, ce compte qu'il doit rendre d'autrui le rendra plus attentif en ce qui le concerne personnellement, et tandis qu'il procurera l'amendement des autres par ses instructions, il se corrigera lui-même de ses propres défauts.

3
COMMENT RECOURIR AU CONSEIL DES FRÈRES

Toutes les fois qu'il y aura dans le monastère quelque affaire importante à traiter, l'abbé convoquera la communauté tout entière, puis il exposera lui-même ce dont il s'agit. Après avoir entendu l'avis des frères, il examinera la chose à part soi, et agira ensuite selon ce qu'il jugera le plus expédient. Or, si nous avons prescrit qu'il faut consulter tous les frères, c'est que souvent le Seigneur révèle à un plus jeune la meilleure solution. Les frères donneront leur avis avec toute la soumission qu'inspire l'humilité, et ils n'auront pas la présomption de soutenir avec opiniâtreté leur manière de voir ; mais il dépendra de l'abbé d'adopter le parti qu'il jugera le plus salutaire, et tous devront se soumettre. Cependant, comme il convient aux disciples d'obéir au maître, il faut aussi que le maître dispose toute chose avec prévoyance et équité.

Que tous se conforment à l'enseignement de la Règle, et que personne n'ait la témérité de s'en écarter. Que nul ne suive la volonté de son propre cœur dans le monastère ; que nul n'ait la hardiesse de contester avec son abbé de façon impertinente, et pas davantage en dehors du monastère. Si quelqu'un tombait dans cet excès, qu'il soit soumis à la discipline régulière. Cependant, de son côté, l'abbé doit faire toute chose avec crainte de Dieu et conformément à la Règle, sachant que, sans aucun doute, il devra rendre compte de toutes ses décisions à Dieu, qui est un juge souverainement équitable. Pour les affaires de moindre importance qui intéressent le bien du monastère, l'abbé prendra seulement le conseil des anciens, ainsi qu'il est écrit : *Fais toute chose avec conseil, et après l'avoir fait, tu n'auras pas à t'en repentir.*

4
QUELS SONT LES INSTRUMENTS DES BONNES ŒUVRES

Avant tout, aimer le Seigneur Dieu de tout son cœur, de toute son âme, de toutes ses forces.
Ensuite, aimer le prochain comme soi-même.
Puis, ne pas tuer.
Ne pas commettre d'adultère.
Ne pas commettre de vol.
Ne pas convoiter.
Ne pas porter de faux témoignage.
Honorer tous les hommes.
Et ne pas faire à autrui ce qu'on ne veut pas qu'on nous fasse.
Renoncer à soi-même pour suivre le Christ.
Châtier son corps.
Ne pas s'attacher aux plaisirs.
Aimer le jeûne.
Soulager les pauvres.
Vêtir celui qui est nu.
Visiter les malades.

Ensevelir les morts.

Secourir qui est dans l'épreuve.

Consoler les affligés.

Rompre avec les manières du monde.

Ne rien préférer à l'amour du Christ.

Ne pas se livrer à la colère.

Ne pas se réserver un temps pour la vengeance.

Ne pas entretenir la fourberie dans son cœur.

Ne pas donner une paix mensongère.

Ne pas se départir de la charité.

Ne pas jurer, de peur de se parjurer.

Proférer de bouche la vérité telle qu'on l'a dans le cœur.

Ne pas rendre le mal pour le mal.

Ne faire injustice à personne, mais supporter patiemment celle qu'on nous fait.

Aimer ses ennemis.

Ne pas maudire ceux qui nous maudissent, mais plutôt les bénir.

Savoir endurer la persécution pour la justice.

Ne pas être orgueilleux.

Ni adonné au vin.

Ni grand mangeur.

Ni grand dormeur.

Ni paresseux.

Ni murmurateur.

Ni enclin au dénigrement.

Mettre en Dieu son espérance.

Ce que l'on verra de bon en soi, l'attribuer à Dieu, non à soi-même.

Quant au mal, reconnaître qu'on en est toujours l'auteur.

Craindre le jour du jugement.

Avoir frayeur de l'enfer.

Désirer la vie éternelle de toute sa convoitise spirituelle.

Avoir tous les jours la mort présente devant les yeux.

Veiller à toute heure sur les actions de sa vie.

En tout lieu, tenir pour certain que Dieu nous regarde.

Briser aussitôt contre le Christ les pensées mauvaises qui viennent dans le cœur, et s'en ouvrir à un père spirituel.

Garder ses lèvres de toute parole malveillante ou pernicieuse.

Ne pas aimer à beaucoup parler.

Ne pas dire de paroles futiles ou qui portent à rire.

Ne pas aimer le rire fréquent ou bruyant.

Écouter volontiers les saintes lectures.

Se plonger fréquemment dans la prière.

Confesser chaque jour à Dieu dans la prière, avec larmes et gémissements, ses fautes passées, en mettant d'ailleurs tous ses soins à s'en corriger.

Ne pas accomplir les désirs de la chair.

Haïr sa volonté propre.

Obéir en tout aux ordres de l'abbé, lors même, ce qu'à Dieu ne plaise, qu'il agirait autrement, se souvenant de ce commandement du Seigneur : *Ce qu'ils disent, faites-le ; mais ce qu'ils font, gardez-vous de le faire.*

Ne pas chercher à passer pour un saint avant de l'être, mais le devenir d'abord, en sorte qu'on le dise avec plus de vérité.

Accomplir chaque jour, par ses actes, les préceptes de Dieu.

Aimer la chasteté.

Ne haïr personne.

Ne pas être jaloux.

Ne pas céder à l'envie.

Ne pas aimer à contester.

Fuir l'élèvement.

Vénérer les anciens.

Avoir de l'affection pour les plus jeunes.

Par amour du Christ, prier pour ses ennemis.

Se remettre en paix avec qui nous sommes en discorde, avant le coucher du soleil.

Et ne jamais désespérer de la miséricorde de Dieu.

Voilà quels sont les instruments de l'art spirituel. Après les avoir mis en œuvre jour et nuit, et sans relâche, nous les restituerons au jour du jugement, et, en échange, le Seigneur nous remettra alors cette récompense que lui-même a promise : *Ce que l'œil n'a pas vu, ce que l'oreille n'a pas entendu, voilà ce que Dieu a préparé pour ceux qui l'aiment.* Quant à l'atelier où nous mettrons diligemment en œuvre tous ces instruments, c'est le cloître du monastère, avec la stabilité dans la communauté.

5

L'OBÉISSANCE

Le premier degré de l'humilité est l'obéissance sans retard. Celle-ci convient à ceux qui n'ont rien de plus cher que le Christ. Mus par le service sacré dont ils ont fait profession, la crainte de l'enfer et la gloire de la vie éternelle, dès que le supérieur a commandé quelque chose, ils ne peuvent souffrir d'en différer l'exécution, tout comme si Dieu lui-même en avait donné l'ordre. C'est en parlant d'eux que le Seigneur dit : *Dès que son oreille a entendu, il m'a obéi.* Et il dit aussi à ceux qui enseignent : *Qui vous écoute m'écoute.* De tels moines, délaissant aussitôt leurs intérêts personnels et leur propre volonté, lâchent immédiatement ce qu'ils tenaient et laissent inachevé ce qu'ils faisaient, pour suivre, avec une obéissance qui emboîte le pas, la voix de celui qui ordonne. Et, comme en un même instant, l'ordre proféré par le maître et sa réalisation par le disciple s'accomplissent toutes deux à la fois, dans l'empressement qu'inspire la crainte de Dieu : c'est ainsi qu'agissent ceux qui aspirent ardemment à la vie éternelle. C'est pour cela qu'ils s'engagent sur la voie étroite dont le Seigneur dit : *Étroite est la voie qui conduit à la vie*. Aussi, ne vivant plus à leur guise, n'obéissant plus à leurs désirs et à leurs inclinations, mais marchant au jugement et au commandement d'autrui, ils désirent vivre en communauté et se soumettre à un abbé. Assurément de tels hommes se conforment à cette sentence du Seigneur, qui dit : *Je ne suis pas venu faire ma volonté, mais la volonté de celui qui m'a envoyé*.

Cette obéissance ne sera agréable à Dieu et douce aux hommes, que si l'ordre est exécuté sans hésitation, sans délai, sans tiédeur, sans murmure et sans parole de résistance, car l'obéissance rendue aux supérieurs se rapporte à Dieu : lui-même, en effet, a dit : *Qui vous écoute m'écoute*. Il faut que les disciples prêtent l'obéissance de bon cœur, car *Dieu aime celui qui donne avec joie*. Au contraire, si le disciple se soumet de mauvaise grâce, s'il murmure non seulement de bouche, mais encore dans son cœur, quand bien même il accomplirait l'ordre qu'il a reçu, son œuvre ne sera point agréée de Dieu, qui voit le murmure intérieur ; bien loin d'en être récompensé, le moine encourra plutôt le châtiment des murmurateurs, à moins qu'il ne se corrige et n'en fasse réparation.

6

LE SILENCE

Faisons ce que dit le Prophète : *J'ai dit : « Je surveillerai mes voies, pour ne pas pécher par ma langue. J'ai placé une garde à ma bouche ; je me rends muet, je m'humilie et je garde le silence, même sur les choses bonnes. »* Le Prophète nous montre par là que, si la pratique du silence doit parfois nous retenir à l'endroit des bons discours, combien plus la crainte du châtiment que mérite le péché doit-elle nous faire éviter les paroles mauvaises ! C'est pourquoi, à cause de l'importance du silence, on n'accordera que rarement aux disciples, fussent-ils parfaits, la permission de parler, même de choses bonnes, saintes et édifiantes. Il est dit en effet : *En parlant beaucoup, tu n'éviteras pas le péché.* Et ailleurs : *La mort et la vie sont au pouvoir de la langue.* C'est, en effet, au maître qu'il convient de parler et d'instruire ; se taire et écouter sied au disciple. En conséquence, si l'on a quelque chose à demander au supérieur, on le fera en toute humilité, soumission et respect. Quant aux bouffonneries, aux paroles vaines et qui ne sont bonnes qu'à provoquer le rire, nous les bannissons à tout jamais et en tout lieu, et nous ne permettons pas au disciple d'ouvrir la bouche pour de tels propos.

7
L'HUMILITÉ

La divine Écriture, mes frères, nous fait entendre ce cri : Quiconque s'élève sera humilié, et qui s'humilie sera élevé. En s'exprimant ainsi, elle nous montre que tout élèvement est un genre d'orgueil ; le Prophète nous déclare qu'il s'en préserve, lorsqu'il dit : Seigneur, je n'ai pas le cœur fier, et mes regards ne sont pas altiers ; je n'ai pas poursuivi ces grandeurs, ces merveilles qui me dépassent. Mais pourquoi donc ? Si je n'avais pas d'humbles sentiments, si mon âme s'était grisée, tu me traiterais comme le petit enfant que sa mère ne nourrit plus de son lait.

Si donc, mes frères, nous voulons atteindre le sommet de la parfaite humilité, et parvenir promptement à cette hauteur céleste à laquelle on monte par l'humilité dans la vie présente, il nous faut dresser et gravir par nos actions cette échelle qui apparut en songe à Jacob. Il y voyait des anges descendre et monter. Cette descente et cette montée signifient pour nous, sans aucun doute, que l'on descend par l'élèvement et que l'on monte par l'humilité. L'échelle en question, c'est notre vie en ce monde ; que le Seigneur élève jusqu'au ciel si notre cœur s'humilie. Les deux montants de cette échelle sont, selon nous, notre corps et notre âme ; entre ces montants, l'appel divin a inséré divers degrés d'humilité et de perfection qu'il s'agit de gravir.

Le premier degré d'humilité consiste en ceci : placer toujours la crainte de Dieu devant ses yeux, fuir absolument l'oubli, et se remémorer sans cesse tout ce que Dieu a commandé ; on repassera continuellement dans son esprit d'une part, comment la géhenne brûle pour leurs péchés ceux qui méprisent Dieu, et comment, d'autre part, la vie éternelle récompense ceux qui le craignent. L'homme se gardera, à toute heure, des péchés et des vices : ceux des pensées, de la langue, des mains, des pieds et de la volonté propre, et aussi des désirs de la chair. Il estimera que Dieu, du haut du ciel, le regarde à tout moment, qu'en tout lieu ce regard de la divinité voit ses actions, et que les anges les lui rapportent à tout moment. C'est ce que le Prophète nous fait entendre, lorsqu'il nous montre Dieu toujours présent à nos pensées, quand il dit : *Dieu scrute les reins et les cœurs*. Et encore : *Le Seigneur connaît les pensées des hommes*. Et ailleurs, il dit : *Tu as pénétré de loin mes pensées*. Et encore : *La pensée de l'homme n'aura pas de secret pour toi*. Aussi, pour écarter toute pensée perverse, que le vrai moine dise sans cesse dans son cœur : *Je serai sans tache devant lui, si je me garde de mon iniquité.*

Pour ce qui est de la volonté propre, l'Écriture nous interdit de la suivre, lorsqu'elle dit : *Détourne-toi de tes volontés*. Et de plus, dans l'oraison dominicale, nous demandons à Dieu que sa volonté soit faite en nous. C'est donc avec raison que nous sommes avertis de ne pas faire notre volonté, puisque par là nous évitons le danger que l'Écriture nous signale, quand elle dit : *Il est des voies qui semblent droites aux hommes, et qui, à la fin, aboutissent au fond de l'enfer.* Craignons aussi ce qui est écrit des négligents : *Ils se sont corrompus, et ils se sont rendus abominables dans leurs volontés perverses.* Quant aux désirs de la chair, croyons que Dieu nous est toujours présent, car le Prophète dit au Seigneur : *Tous mes désirs sont devant toi.*

Il faut donc se garder du désir mauvais, car la mort est placée à l'entrée même du plaisir. De là vient que l'Écriture nous fait ce commandement : *Ne te laisse pas entraîner par tes convoitises.* Si donc les yeux du Seigneur considèrent les bons et les méchants, si, du haut du ciel, le Seigneur regarde constamment les enfants des hommes, *pour voir s'il est quelqu'un qui ait l'intelligence et qui cherche Dieu ;* si enfin les anges commis à notre garde rapportent jour et nuit au Seigneur les actes que nous accomplissons, il faut, mes frères, qu'à toute heure nous soyons vigilants. Et, comme le dit le Prophète dans un psaume, craignons que Dieu ne nous surprenne à quelque moment, enclins à pécher, et devenus inutiles. Il nous épargne actuellement, car il est bon, et attend que nous nous convertissions ; puisse-t-il n'avoir pas à nous dire plus tard : *Tu as fait cela et je me suis tu.*

Le second degré d'humilité consiste à ne pas aimer sa volonté propre et à ne pas se complaire dans l'accomplissement de ses désirs, mais plutôt à conformer sa conduite à cette parole du Seigneur, qui a dit : *Je ne suis pas venu faire ma volonté, mais la volonté de celui qui m'a envoyé.* Et un texte dit encore : « Faire sa volonté encourt la peine, mais la contrainte procure la couronne. »

Le troisième degré d'humilité consiste à se soumettre aux supérieurs en toute obéissance pour l'amour de Dieu, imitant le Seigneur, dont l'Apôtre dit : *Il s'est fait obéissant jusqu'à la mort.*

Le quatrième degré d'humilité consiste à embrasser la patience, l'esprit paisible. Si, dans l'exercice de l'obéissance, on rencontre des difficultés, des contrariétés ou même toutes sortes d'injustices, on supporte tout sans se lasser ni reculer, car l'Écriture dit : *Celui qui aura persévéré jusqu'à la fin, celui-là sera sauvé.* Et encore : *Prends courage et attends le Seigneur.* Et pour montrer que le serviteur fidèle doit tout supporter pour le Seigneur, même les adversités, l'Écriture fait dire à ceux qui souffrent : *Pour toi, Seigneur, nous sommes livrés à la mort tout le jour ; nous sommes considérés comme des brebis destinées à l'abattoir.* Inébranlables dans l'espérance de la rétribution divine, ils ajoutent avec joie ces paroles : *Mais en toutes ces souffrances, nous remportons la victoire grâce à celui qui nous a aimés.* Et l'Écriture dit encore à un autre endroit : *Dieu, tu nous as éprouvés, tu nous as vérifiés par le feu, comme on vérifie l'argent par le feu ; tu nous as attirés dans un piège, tu as amassé les tribulations sur nos épaules.* Et pour montrer que nous devons vivre sous un supérieur, elle ajoute : *Tu as établi des hommes sur nos têtes.* Par la patience dans l'adversité et l'injustice, les humbles vont jusqu'à accomplir le commandement du Seigneur : frappés sur une joue, ils présentent l'autre ; dépouillés de leur tunique, ils abandonnent encore leur manteau ; requis pour un mille, ils en font deux ; avec l'apôtre Paul, ils supportent les faux frères, et bénissent ceux qui les maudissent.

Le cinquième degré d'humilité consiste à découvrir à son abbé, par une humble confession, toutes les pensées mauvaises qui surviennent dans le cœur, et les fautes que l'on aurait commises secrètement. L'Écriture nous y exhorte, lorsqu'elle dit : *Découvre ta conduite au Seigneur et espère en lui.* Elle dit encore : *Confessez-vous au Seigneur, car il est bon et sa miséricorde est éternelle.* Le Prophète dit de même : *Je t'ai fait* connaître mon péché et je n'ai pas caché mon iniquité. J'ai dit : « Je m'accuserai de mes propres manquements devant le Seigneur », et toi, tu as pardonné l'infidélité de mon cœur.*

Le sixième degré d'humilité consiste en ceci : le moine se satisfait de tout ce qui est vil et bas, et en tout ce qui lui est enjoint, il se considère comme un ouvrier mauvais et indigne, disant avec le Prophète : *Me voici réduit à rien et je ne sais rien ; je suis devant toi comme une bête de somme, mais je suis toujours avec toi.*

Le septième degré d'humilité consiste, non seulement à se dire de bouche le dernier et le plus vil de tous, mais aussi à le croire dans le plus intime sentiment de son cœur, s'humiliant et disant avec le Prophète : Pour moi, je suis un ver, et non un homme, l'opprobre des hommes et le rebut du peuple. Je m'étais exalté, et me voilà humilié et couvert de confusion. Et encore : C'est un bien pour moi d'avoir été humilié : ainsi, j'apprends tes commandements.

Le huitième degré d'humilité consiste en ceci : le moine ne fait rien que ne recommandent la règle commune du monastère et les exemples des anciens.

Le neuvième degré d'humilité consiste en ceci : le moine interdit à sa langue de parler, et demeure en silence, sans rien dire, jusqu'à ce qu'on l'interroge ; c'est en effet l'enseignement de l'Écriture : *En parlant beaucoup, on n'évite pas le péché*, et : *Le bavard ne marche pas droit sur la terre.*

Le dixième degré d'humilité consiste à ne pas rire trop facilement et pour n'importe quoi, car il est écrit : *L'insensé élève la voix quand il rit.*

Le onzième degré d'humilité consiste en ceci : lorsqu'un moine parle, il le fait doucement et sans rire, humblement et avec gravité, en peu de mots et raisonnablement, évitant les éclats de voix, ainsi qu'il est écrit : *On reconnaît le sage à la sobriété de son langage.*

Le douzième degré d'humilité consiste en ceci : le moine ne possède pas seulement l'humilité dans son cœur, mais il la montre même par son maintien aux yeux de ceux qui le voient. À l'Œuvre de Dieu, dans l'oratoire, dans le monastère, au jardin, en chemin, aux champs, et où qu'il soit, assis, en marche ou debout, il tiendra toujours la tête inclinée, les yeux baissés vers la terre, se sentant à toute heure chargé de ses péchés, comme au moment de comparaître au redoutable jugement de Dieu, et répétant continuellement dans son cœur ce que disait le publicain de l'Évangile, les yeux fixés à terre : *Seigneur, je ne suis pas digne, moi pécheur, de lever les yeux vers le ciel.* Et, avec le Prophète, il ajoute : *Je me suis courbé, je me suis humilié sans limites.* Donc, après avoir gravi tous ces degrés d'humilité, le moine parviendra bientôt à cet amour de Dieu qui, devenu parfait, bannit la crainte. Grâce à cet amour, il commencera à accomplir sans peine, comme naturellement et par habitude, tout ce qu'auparavant il n'observait qu'avec frayeur. Il n'agira plus sous la menace de l'enfer, mais par amour du Christ, par l'habitude même du bien, et pour le plaisir que procurent les vertus. Voilà ce que le Seigneur daignera manifester dans son serviteur, purifié de ses défauts et de ses péchés, grâce à l'Esprit Saint.

8

LES DIVINS OFFICES DURANT LA NUIT

En hiver, c'est-à-dire depuis le premier novembre jusqu'à Pâques, on se lèvera à la huitième heure de la nuit, pour rester dans une norme raisonnable ; les frères se seront ainsi reposés un peu plus de la moitié de la nuit, et la digestion sera terminée quand ils se lèveront. Le temps qui reste après les vigiles sera employé à et la rumination du psautier ou des leçons par ceux des frères qui en auront besoin. Depuis Pâques jusqu'au premier novembre on ajustera l'horaire de telle sorte que les frères, après quelques instants restés libres pour les nécessités de la nature, commencent sans tarder l'office du matin, qui doit se célébrer au point du jour.

9

COMBIEN DIRE DE PSAUMES AUX HEURES DE LA NUIT

En hiver, on dira d'abord trois fois le verset : *Dómine, lábia mea apéries, et os meum annuntiábit laudem tuam.* On y ajoutera le psaume troisième avec Gloria, et après cela le psaume quatre-vingt-quatorzième avec antienne, ou du moins chanté. Viendront ensuite l'ambrosien et six psaumes avec antiennes. Après quoi, le verset étant dit, l'abbé donnera la bénédiction, et tous s'assiéront sur les bancs. Les frères liront alors, à tour de rôle, dans le livre placé sur le pupitre, trois leçons, suivies chacune d'un répons chanté. Les deux premiers répons se diront sans *Gloria* ; mais après la troisième leçon, celui qui chante ajoutera le *Gloria*. Au moment où le chantre entonne cette doxologie, tous se lèveront de leurs sièges, par honneur et révérence envers la sainte Trinité. La lecture qu'il convient de faire aux vigiles est celle des ouvrages divinement inspirés, tant de l'Ancien que du Nouveau Testament, ainsi que les commentaires qui en ont été faits par les Pères renommés, dont la rectitude de doctrine est universellement reconnue. Après ces trois leçons et leurs répons, suivront six autres psaumes qui seront chantés avec *Alleluia* comme antienne. Ensuite la leçon de l'Apôtre, qui sera récitée par cœur, puis le verset et la supplication litanique, c'est-à-dire *Kyrie eleison*. Ainsi s'achèveront les vigiles de la nuit.

10

COMMENT CÉLÉBRER LA LOUANGE NOCTURNE EN ÉTÉ

Depuis Pâques jusqu'au premier novembre, on gardera pour la psalmodie des vigiles la mesure qui a été déterminée plus haut ; cependant on ne lira pas de leçons dans le livre, à cause de la brièveté des nuits. À la place des trois leçons, on en dira une de l'Ancien Testament, par cœur ; elle sera suivie d'un répons bref. Tout le reste se fera comme il a été réglé, en sorte qu'on ne dise jamais moins de douze psaumes aux vigiles de la nuit, sans compter le troisième et le quatre-vingt-quatorzième.

11

COMMENT CÉLÉBRER LES VIGILES LE DIMANCHE

Le dimanche, pour les vigiles, on se lèvera plus tôt qu'à l'ordinaire. Dans ces vigiles, voici la mesure à observer : après avoir chanté, comme nous l'avons déjà disposé, six psaumes et le verset, tous s'assiéront en bon ordre et chacun à son rang. On lira dans le livre, comme nous l'avons dit plus haut, quatre leçons avec leurs répons ; mais c'est seulement au quatrième répons que le chantre dira le *Gloria*, et à son intonation tous se lèveront aussitôt avec révérence. Après les leçons, suivront dans l'ordre six autres psaumes avec antiennes comme les précédents, puis le verset. Après quoi, on lira quatre autres leçons avec leurs répons, selon l'ordre déjà indiqué. Ensuite on dira trois cantiques, tirés des Prophètes, et déterminés par l'abbé ; ces cantiques seront chantés avec *Alleluia*. Après le verset et la bénédiction de l'abbé, on lira quatre autres leçons, tirées du Nouveau Testament, dans le même ordre que ci-dessus. Après le quatrième répons, l'abbé entonnera l'hymne *Te Deum laudámus*. Celle-ci achevée, l'abbé lira le passage emprunté au livre de l'Évangile, tous se tenant debout avec crainte et respect. À la fin tous répondront *Amen*. L'abbé entonnera aussitôt l'hymne *Te decet laus*, et, la bénédiction étant donnée, on commencera l'office du matin. Cet ordre pour les vigiles du dimanche sera le même absolument en toute saison, soit en été, soit en hiver. Toutefois, si par malheur on s'était levé trop tard - ce qu'à Dieu ne plaise -, on abrégerait les leçons ou les répons. Que l'on prenne garde cependant que ce désordre n'arrive jamais. S'il avait lieu, celui qui l'aura occasionné par sa négligence, en fera satisfaction convenable à Dieu dans l'oratoire.

12
COMMENT CÉLÉBRER L'OFFICE DU MATIN

Le dimanche, à l'office du matin, on dira d'abord, sans antienne et d'un trait, le psaume soixante-sixième. On dira ensuite le cinquantième avec *Alleluia*, puis le cent dix-septième et le soixante-deuxième. Après quoi, le cantique *Benedicite* et les psaumes *Laudate*, une leçon de l'Apocalypse récitée par cœur, le répons, l'ambrosien, le verset, le cantique de l'Évangile, la litanie, et l'office est ainsi achevé.

13

COMMENT CÉLÉBRER L'OFFICE DU MATIN AUX JOURS ORDINAIRES

Les jours ordinaires, l'office du matin se fera comme suit : on dira d'abord le psaume soixante-sixième sans antienne, en traînant un peu, comme le dimanche, afin que tous soient arrivés pour le cinquantième, qui se dira avec antienne. Après quoi, on dira deux autres psaumes, selon l'usage, c'est-à-dire : le lundi, le cinquième et le trente-cinquième ; le mardi, le quarante-deuxième et le cinquante-sixième ; le mercredi, le soixante-troisième et le soixante-quatrième ; le jeudi, le quatre-vingt-septième et le quatre-vingt-neuvième ; le vendredi, le soixante-quinzième et le quatre-vingt-onzième ; le samedi, le cent quarante-deuxième et le cantique du Deutéronome, que l'on divisera en deux *Gloria*. Les autres jours, on dira le cantique tiré des Prophètes, et propre à chaque jour, comme chante l'Église romaine. Viendront ensuite les psaumes *Laudate*, puis une leçon empruntée à l'Apôtre et récitée par cœur, le répons, l'ambrosien, le verset, le cantique de l'Évangile, la litanie et l'office est ainsi achevé.

On ne laissera jamais s'achever l'office du matin et celui du soir sans que le supérieur ne dise en dernier lieu et en entier l'Oraison dominicale, de manière à ce qu'elle soit entendue de tous, à cause des pointes de discorde qui se produisent dans la vie courante. Ainsi, les frères se purifieront de cette sorte de vice, par l'engagement réciproque inclus dans cette prière qui leur fait dire : *Pardonne-nous, comme nous aussi nous pardonnons*. Aux autres offices, on ne dira à haute voix que la dernière partie de cette prière, en sorte que tous répondent : *Mais délivre-nous du mal*.

14
COMMENT CÉLÉBRER LES VIGILES AUX FÊTES DES SAINTS

Aux fêtes des saints et à toutes les solennités, on célébrera les vigiles comme nous l'avons réglé pour le dimanche. On s'en tiendra à l'ordonnance déjà prescrite ; on dira cependant les psaumes, antiennes et leçons propres au jour même.

15

EN QUEL TEMPS IL FAUT DIRE ALLELUIA

De la sainte Pâque à la Pentecôte, on dira tous les jours *Alleluia*, tant aux psaumes qu'aux répons. Depuis la Pentecôte jusqu'au commencement du Carême, on le dira toutes les nuits aux six psaumes du second nocturne seulement. Tous les dimanches en dehors du Carême, on dira avec *Alleluia* les cantiques du troisième nocturne, l'office du matin, prime, tierce, sexte et none. Les vêpres se diront toujours avec antiennes. Les répons ne se diront jamais avec *Alleluia,* sinon de Pâques à la Pentecôte.

16

COMMENT CÉLÉBRER LES DIVINS OFFICES DURANT LE JOUR

L e Prophète a dit : *Sept fois le jour je chante tes louanges*. Nous remplirons ce nombre sacré de sept, si nous acquittons le devoir de notre service à l'office du matin, à prime, tierce, sexte, none, vêpres et complies ; car, c'est en parlant de ces heures du jour que le Prophète a dit : *Sept fois le jour je chante tes louanges*. Au sujet des vigiles de la nuit, le même Prophète a dit : Je me lève au milieu de la nuit pour te louer. Offrons donc à ces moments nos louanges à notre Créateur pour ses justes décisions ; c'est-à-dire : à l'office du matin, à prime, tierce, sexte, none, vêpres et complies ; et la nuit, levons-nous pour le louer.

17

COMBIEN DE PSAUMES CHANTER À CES MÊMES HEURES

Nous avons disposé précédemment l'ordre de la psalmodie pour l'office de nuit et celui du matin ; voyons maintenant ce qui concerne les autres heures du jour. À prime, on dira trois psaumes séparément, et non sous un seul *Gloria*. L'hymne de cette heure se dira après le verset *Deus in adjutórium*, et avant de commencer les psaumes. Les trois psaumes étant achevés, on récitera une leçon, le verset et *Kyrie eleison*, puis le renvoi. Les offices de tierce, sexte et none se célébreront selon le même ordre, c'est-à-dire : le verset, l'hymne propre à ces dites heures, trois psaumes, une leçon, le verset, *Kyrie eleison*, puis le renvoi. Si la communauté est assez nombreuse, on psalmodiera avec antiennes ; si elle est peu nombreuse, on chantera les psaumes d'un trait. L'office du soir se composera de quatre psaumes avec antiennes. Après ces psaumes, on récitera une leçon, puis le répons, l'ambrosien, le verset, le cantique de l'Évangile, la litanie, et avec l'oraison dominicale se fera le renvoi. Les complies consisteront dans la récitation de trois psaumes. Ces psaumes se diront d'un trait, sans antienne. Ensuite, l'hymne de cette heure, une leçon, le verset, *Kyrie eleison*, et avec la bénédiction se fera le renvoi.

18

EN QUEL ORDRE IL FAUT DIRE LES PSAUMES

Tout d'abord, on dira le verset : *Deus in adjutórium meum inténde ; Dómine ad adjuvándum me festína*, et le *Gloria*, puis l'hymne de chaque Heure. Ensuite, à prime du dimanche, on dira quatre divisions du psaume cent dix-huitième ; aux autres heures, c'est-à-dire à tierce, sexte et none, on dira trois divisions du même psaume. À prime du lundi, on dira trois psaumes, à savoir : le premier, le second et le sixième ; et ainsi chaque jour à prime jusqu'au dimanche, on dira trois psaumes par ordre jusqu'au dix-neuvième, de façon cependant que les psaumes neuvième et dix-septième soient divisés en deux. Il résultera de là qu'aux vigiles du dimanche on commencera toujours par le psaume vingtième.

À tierce, sexte et none du lundi, les neuf sections qui sont restées du psaume cent dix-huitième se diront trois par trois à ces mêmes heures. Le psaume cent dix-huitième sera donc ainsi achevé en deux jours, c'est-à-dire le dimanche et le lundi. Le mardi à tierce, sexte et none, on chantera aussi trois psaumes, depuis le cent dix-neuvième jusqu'au cent vingt-septième, c'est-à-dire neuf psaumes. Ces psaumes seront répétés chaque jour à ces mêmes heures jusqu'au dimanche. Pour les hymnes néanmoins, les leçons et les versets, on gardera chaque jour la disposition uniforme qui a été établie. Et ainsi on commencera toujours, le dimanche, par le psaume cent dix-huitième.

Aux vêpres, on chantera tous les jours quatre psaumes. Ces psaumes seront pris à partir du cent neuvième jusqu'au cent quarante-septième ; on exceptera cependant ceux qui sont réservés pour d'autres heures, c'est-à-dire du cent dix-septième au cent vingt-septième, ainsi que le cent trente-troisième et le cent quarante-deuxième. Tous les autres doivent se dire aux vêpres. Et comme il manque trois psaumes, on divisera ceux qui, dans le nombre susdit, se trouvent plus longs, à savoir : le cent trente-huitième, le cent quarante-troisième et le cent quarante-quatrième. Quant au cent seizième, on le joindra au cent quinzième, à cause de sa brièveté. L'ordre des psaumes de vêpres étant donc ainsi réglé, le reste, c'est-à-dire la leçon, le répons, l'hymne, le verset et le cantique sera exécuté comme nous l'avons déterminé précédemment. À complies, on répétera chaque jour les mêmes psaumes, à savoir : le quatrième, le quatre-vingt-dixième et le cent trente-troisième.

L'ordre de la psalmodie pour la journée étant ainsi fixé, tous les autres psaumes qui restent seront uniformément distribués entre les sept vigiles de la semaine, en sorte que les plus longs soient divisés, et qu'il y en ait douze pour chaque nuit. Nous tenons à avertir que si cette distribution des psaumes déplaît à quelqu'un, il peut en choisir une autre, qu'il jugerait meilleure ; il veillera cependant soigneusement à ce que, chaque semaine, soit récité intégralement le psautier de cent cinquante psaumes et que, le dimanche aux vigiles, on reprenne toujours au début de la série indiquée. En effet, des moines qui, durant le cours d'une semaine, diraient moins que le psautier avec les cantiques ordinaires, feraient preuve de lâcheté dans le service qu'ils ont voué, car nous lisons que nos saints Pères remplissaient vaillamment en un seul jour cette tâche. Puissions-nous, du moins, dans notre tiédeur, nous en acquitter en une semaine entière !

19

LA MANIÈRE DE PSALMODIER

Nous savons, par la foi, que la divine présence est partout, et qu'en tout lieu les yeux du Seigneur considèrent les bons et les méchants ; mais soyons encore plus fermement persuadés qu'il en est ainsi, lorsque nous prenons part à l'Office divin. Souvenons-nous donc sans cesse de ce que dit le Prophète : *Servez le Seigneur dans la crainte.* Et encore : *Psalmodiez avec sagesse.* Et aussi : *Je te chanterai en présence des anges.* Considérons donc comment nous devons nous tenir en présence de Dieu et de ses anges, et comportons-nous dans la psalmodie de sorte que notre esprit soit en accord avec notre voix.

20
L'ATTITUDE DE GRAND RESPECT
DANS LA PRIÈRE

Si nous avons une requête à présenter à des personnages importants, nous ne l'osons qu'avec humilité et grand respect, combien plus devons-nous offrir nos supplications au Seigneur, Dieu de l'univers, en toute humilité, et pur abandon. Sachons que ce n'est pas l'abondance des paroles qui nous vaudra d'être exaucés, mais la pureté du cœur et les larmes de la componction. La prière doit donc être courte et pure, à moins qu'un attrait inspiré par la grâce divine ne nous porte à la prolonger. En communauté, cependant, la prière sera très brève, et, au signal du supérieur, tous se lèveront en même temps.

21

LES DOYENS DU MONASTÈRE

Si la communauté est nombreuse, on y choisira des frères de bonne réputation et de sainte vie, et on les établira doyens. Ils exerceront leur sollicitude sur leurs décanies en toute chose, conformément aux préceptes de Dieu et aux ordres de leur abbé. On ne devra choisir pour doyens que ceux avec lesquels l'abbé peut en toute sûreté partager son fardeau. Ils ne seront point élus selon leur ancienneté dans la communauté, mais d'après les mérites de leur vie et la sagesse de leur doctrine. S'il arrive que quelqu'un d'entre eux, enflé d'orgueil, s'expose à de justes reproches, on le reprendra une première, une seconde et même une troisième fois. S'il refuse de s'amender, qu'on le destitue, et qu'à sa place on en désigne un autre qui soit digne. Et nous établissons qu'on agisse de même à l'égard du prieur.

22

COMMENT LES MOINES DORMIRONT

Chacun aura son lit à part. La literie mise à l'usage des moines sera conforme à leur genre de vie et selon les ordres de l'abbé. Si faire se peut, ils dormiront tous dans un même lieu ; mais si le trop grand nombre ne le permet pas, ils reposeront par groupe de dix ou vingt, avec des anciens qui veilleront sur eux. Une lumière brûlera dans cette pièce sans interruption jusqu'au matin. Les moines dormiront vêtus, ceints d'une ceinture ou d'une corde, afin d'être toujours prêts ; mais ils ne garderont pas de couteau à leur côté, de peur qu'ils ne se blessent en dormant. Au signal donné, ils se lèveront sans retard, et s'empresseront de se devancer les uns les autres à l'Œuvre de Dieu, mais néanmoins en toute gravité et retenue. Les plus jeunes frères n'auront point leurs lits les uns près des autres, mais disséminés parmi ceux des anciens. En se levant pour l'Œuvre de Dieu, les moines s'encourageront discrètement les uns les autres, afin qu'il ne reste pas d'excuse aux somnolents.

23

LES FAUTES QUI ENTRAÎNENT L'EXCOMMUNICATION

Si un frère se montre contestataire, s'il refuse d'obéir, ou s'il est arrogant ou murmurateur, si son comportement est contraire à la sainte Règle en quelque point, et s'il méprise les ordres des anciens, il sera repris en privé par ses anciens une première et une seconde fois selon le précepte de notre Seigneur. S'il ne s'amende pas, qu'il soit réprimandé publiquement, devant tous. Si malgré cela il ne se corrige pas, qu'il soit soumis à l'excommunication, si toutefois il comprend la gravité de cette peine. Mais s'il est dur de cœur, qu'on lui inflige un châtiment corporel.

24
QUELLE DOIT ÊTRE LA MESURE DE L'EXCOMMUNICATION

La mesure de l'excommunication et du châtiment doit être proportionnée à l'importance de la faute. Cette appréciation des fautes dépendra du jugement de l'abbé. Si donc un frère est trouvé coupable de fautes légères, il sera privé de la participation à la table commune. Celui qui sera ainsi privé de la communauté de la table sera traité ainsi qu'il suit : à l'oratoire, il n'imposera ni psaume ni antienne, et il ne récitera point de leçon, jusqu'à ce qu'il ait satisfait. Il prendra son repas seul après celui des frères ; en sorte que si, par exemple, les frères ont leur repas à la sixième heure, il prendra le sien à la neuvième ; si les frères prennent leur repas à la neuvième, il n'aura le sien que le soir, et cela durera jusqu'à ce qu'il ait obtenu son pardon par une satisfaction convenable.

25

LES FAUTES GRAVES

Le frère qui se sera rendu coupable d'une faute grave sera exclu tout à la fois de la table et de l'oratoire. Aucun des frères ne se joindra à lui, ni comme compagnie, ni pour entretien. Il sera seul au travail qui lui aura été assigné, demeurant dans le deuil de la pénitence, se rappelant cette terrible sentence de l'Apôtre, qui dit : *Cet homme a été livré à la perte de la chair, afin que l'esprit soit sauvé au jour du Seigneur.* Il prendra seul son repas, en la mesure et à l'heure que l'abbé aura jugées convenables. Personne ne le bénira en passant près de lui, et on ne bénira pas non plus la nourriture qu'on lui donne.

26

CEUX QUI SE JOIGNENT AUX EXCOMMUNIÉS SANS EN AVOIR REÇU LA MISSION

Si quelque frère, sans mission de l'abbé, ose se joindre en quelque manière à un frère excommunié, soit pour s'entretenir avec lui, soit pour lui transmettre un message, il subira la même peine de l'excommunication.

27
QUELLE DOIT ÊTRE LA SOLLICITUDE DE L'ABBÉ À L'ÉGARD DES EXCOMMUNIÉS

L'abbé doit s'occuper en toute sollicitude des frères qui ont failli, car *ce ne sont pas les bien portants qui ont besoin du médecin, mais les malades.* Il doit donc, comme un sage médecin, user de tous les moyens. Il enverra des sympectes, c'est-à-dire des frères anciens doués d'expérience et de tact, qui viendront, sans qu'il paraisse, consoler ce frère qui est dans le trouble, et l'inviter à une humble satisfaction. Leurs encouragements l'empêcheront de sombrer dans l'excès de la tristesse. De plus, comme dit encore l'Apôtre : *Qu'on redouble de charité envers lui,* et que tous prient pour lui. L'abbé doit donc faire preuve d'une sollicitude extrême, de perspicacité et de savoir-faire, pour ne perdre aucune des brebis qui lui sont confiées. Qu'il sache qu'il a reçu la charge de conduire des âmes faibles et non d'exercer sur des âmes saines un pouvoir despotique. Qu'il redoute la menace du Prophète, par laquelle Dieu dit : *Vous preniez pour vous les brebis qui vous paraissaient les plus grasses, et celles qui étaient débiles, vous les rejetiez.* Qu'il imite plutôt l'exemple plein de tendresse du bon Pasteur, qui, laissant sur les montagnes ses quatre-vingt-dix-neuf brebis, s'en alla à la recherche d'une seule qui s'était égarée. Il eut tellement pitié de sa faiblesse, qu'il la chargea sur ses épaules sacrées et la reporta ainsi au troupeau.

28

CEUX QUI, SOUVENT REPRIS, N'ONT PAS VOULU S'AMENDER

Si un frère a été souvent repris pour quelque faute, si l'on a été envers lui jusqu'à l'excommunication et qu'il ne se soit pas amendé, il faudra lui infliger une correction plus rude, c'est-à-dire procéder contre lui par un châtiment corporel. Si même ainsi il ne se corrigeait pas, ou si, ce qu'à Dieu ne plaise, il venait à se laisser emporter par l'orgueil jusqu'à vouloir défendre sa conduite, l'abbé fera alors ce que fait un sage médecin. Après avoir employé des procédés calmants, le baume des exhortations, la médication des divines Écritures, enfin le cautère de l'excommunication ou la meurtrissure des châtiments corporels, s'il voit que tout son savoir-faire n'a rien pu obtenir, il devra employer alors une thérapie plus efficace : sa prière pour lui et celle de tous les frères, afin que le Seigneur, qui peut tout, rende la santé à ce frère malade. Mais si ce moyen n'opérait point la guérison, que l'abbé prenne alors le fer qui retranche, selon la parole de l'Apôtre : *Ôtez le mal du milieu de vous.* Et encore : *Si l'infidèle s'en va, qu'il s'en aille,* de peur qu'une brebis infectée ne contamine tout le troupeau.

29

DOIT-ON RECEVOIR DE NOUVEAU LES FRÈRES QUI ONT QUITTÉ LE MONASTÈRE ?

Si un frère sort du monastère par sa propre faute, et qu'il veuille y revenir, il commencera par promettre de se corriger entièrement du défaut qui a été la cause de sa sortie. On le recevra alors au dernier rang, afin d'éprouver par là son humilité. S'il sortait de nouveau, on le recevrait de la même manière jusqu'à trois fois ; mais qu'il sache qu'après cela, toute voie de retour lui sera fermée.

30

COMMENT CORRIGER LES ENFANTS EN BAS ÂGE

Chaque âge et chaque degré d'intelligence demande une règle de conduite particulière. Lors donc que les enfants, ou les plus jeunes frères, ou ceux qui sont incapables de comprendre la portée de la peine de l'excommunication, tomberont dans une faute, on les punira par des jeûnes rigoureux, ou on les châtiera rudement par des coups, afin de leur rendre la santé de l'esprit.

31
LES QUALITÉS QUE DOIT AVOIR LE CELLÉRIER DU MONASTÈRE

Pour cellérier du monastère, on choisira parmi les frères quelqu'un qui soit judicieux, sérieux, sobre, frugal, ni arrogant, ni agité, ni blessant, ni trop hésitant, ni trop prompt à la dépense, mais qui ait la crainte de Dieu, et qui soit comme un père pour toute la communauté. Qu'il prenne soin de tout, qu'il ne fasse rien sans l'ordre de l'abbé ; qu'il exécute les ordres reçus. Qu'il ne mécontente pas les frères. Si quelque frère lui fait une demande déraisonnable, il ne l'indisposera pas en le rebutant ; mais qu'il refuse avec raison et humilité à celui qui demande mal à propos. Qu'il veille à la garde de son âme, se souvenant toujours de cette parole de l'Apôtre : *Celui qui aura bien administré s'acquiert un rang honorable.* Qu'il prenne un soin tout particulier des malades, des enfants, des hôtes et des pauvres, étant fermement persuadé qu'au jour du jugement il devra rendre compte de la manière dont il aura traité chacun. Qu'il considère tous les objets et tous les biens du monastère comme s'il s'agissait des objets sacrés de l'autel. Qu'il ne tienne rien pour négligeable. Qu'il ne soit ni enclin à l'avarice, ni trop dépensier ; qu'il ne dilapide pas les biens du monastère, mais qu'il fasse toute chose avec mesure, et conformément aux ordres de l'abbé.

Avant tout, qu'il ait l'humilité, et, s'il ne peut accorder ce qu'on lui demande, qu'il offre en réponse une parole aimable, ainsi qu'il est écrit : *Une parole aimable vaut mieux que le don le meilleur.* Qu'il ait soin de tout ce que l'abbé lui aura prescrit ; qu'il ne s'ingère point dans ce qu'il lui aura défendu. Qu'il donne aux frères la portion prescrite, sans arrogance comme sans délai, afin de ne pas les irriter, se souvenant du châtiment dont la parole divine menace celui qui aura scandalisé l'un des plus petits. Si la communauté est nombreuse, on lui donnera de l'aide pour qu'il puisse faire son travail avec un esprit plus tranquille. Aux heures convenables, on donnera ce qui doit être donné et on demandera ce qui doit être demandé, en sorte que personne ne soit troublé ni contristé dans la maison de Dieu.

32

LES OUTILS ET LES AUTRES OBJETS DU MONASTÈRE

L'abbé confiera à des frères dont la vie et les mœurs lui inspirent confiance, tout ce que possède le monastère comme outils, vêtements et autres objets ; et, selon qu'il l'aura jugé bon, il leur remettra ces différents objets pour les garder et les ranger. L'abbé en conservera l'inventaire afin de savoir ce qu'il donne et ce qu'il reçoit, lorsque les frères se succèdent l'un l'autre dans ces charges. Si quelqu'un traite les objets du monastère avec malpropreté ou négligence, il sera réprimandé ; s'il ne s'amende pas, il sera soumis à la discipline régulière.

33
LES MOINES DOIVENT-ILS AVOIR QUELQUE CHOSE EN PROPRE ?

Par-dessus tout, il faut retrancher du monastère, jusqu'à sa racine, le vice de l'esprit de propriété, en sorte que nul ne se permette de donner ou de recevoir quelque chose sans l'autorisation de l'abbé, ni d'avoir quoi que ce soit en propre, absolument rien, ni livres, ni tablettes, ni stylet : en un mot, rien du tout, puisqu'il ne leur est même pas permis de disposer librement de leur corps, ni de leur volonté. Ils doivent attendre du père du monastère tout ce qui leur est nécessaire. Et il ne sera loisible à personne d'avoir quelque chose que l'abbé n'aurait pas donné, ou permis de conserver. Que tout soit commun à tous, ainsi qu'il est écrit, et personne ne dira ou ne fera sien quoi que ce soit. Si l'on s'aperçoit que quelqu'un se complaît dans ce vice détestable, on lui donnera un premier et un deuxième avertissement ; s'il ne s'amende pas, il sera réprimandé.

34

TOUS DOIVENT-ILS RECEVOIR LE NÉCESSAIRE DE FAÇON ÉGALE ?

Qu'on fasse comme il est écrit : *on donnait à chacun selon ses besoins.* Nous n'entendons pas dire par là que l'on ait acception des personnes, ce dont Dieu nous préserve ! mais qu'on ait égard à leurs faiblesses. Celui qui a besoin de moins, qu'il rende grâce à Dieu, et qu'il ne s'attriste pas. Celui à qui il faut davantage, qu'il s'humilie pour sa faiblesse, et ne s'élève pas à cause de la miséricorde qu'on a pour lui. Et de la sorte, tous les membres seront en paix. Surtout, qu'on ne voie jamais paraître le fléau du murmure, pour quelque sujet que ce puisse être, ni dans la moindre parole, ni dans une attitude quelconque. Si l'on s'aperçoit que quelqu'un tombe dans cette faute, on le soumettra à une correction sévère.

35

LES SEMAINIERS DE LA CUISINE

Les frères se serviront mutuellement, et nul ne sera dispensé du travail de la cuisine, à moins d'être empêché par la maladie ou par des fonctions de grande utilité ; car ce service est la source d'une plus grande récompense et d'un accroissement de charité. On procurera de l'aide à ceux qui sont faibles, afin qu'ils accomplissent leur besogne sans tristesse ; d'ailleurs, tous les frères en charge auront de l'aide, selon les conditions de la communauté ou la situation du lieu. Si la communauté est nombreuse, le cellérier sera dispensé du service de la cuisine ; il en ira de même pour ceux qui, comme nous l'avons dit, vaqueraient à des occupations plus importantes ; mais les autres se serviront mutuellement avec charité. Le samedi, celui qui doit sortir de semaine fera les nettoyages. Il lavera les linges avec lesquels les frères s'essuient les mains et les pieds. Celui qui sort de semaine, aidé de celui qui doit y entrer, lavera les pieds de tous. Il remettra au cellérier, propres et en bon état, les objets de son service. Le cellérier les remettra à celui qui entre en semaine ; il saura ainsi ce qu'il donne et ce qu'on lui rend.

Une heure avant le repas, les semainiers recevront quelque chose à boire et du pain, en plus de la portion ordinaire. De cette façon, au moment du repas, ils pourront servir leurs frères sans murmure et sans trop de fatigue. Mais les jours solennels, ils attendront jusqu'après la messe. Le dimanche, ceux qui entrent en semaine et ceux qui en sortent se prosterneront aux genoux de tous, dans l'oratoire, à la fin des Laudes, leur demandant de prier pour eux. Celui qui sort de semaine dira ce verset : *Benedíctus es, Dómine Deus, qui adjuvísti me et consolátus es me.* Après l'avoir dit trois fois, celui qui sort de service recevra la bénédiction. Celui qui entre en semaine lui succédera et dira : *Deus, in adjutórium meum inténde ; Dómine, ad adjuvándum me festína.* Ce verset sera repris de même trois fois par tous ; le semainier recevra alors la bénédiction et entrera en fonction.

36

LES FRÈRES MALADES

Avant tout et par-dessus tout, on prendra soin des malades, et on les servira comme le Christ en personne, car il a dit lui-même : *J'ai été malade et vous m'avez visité*. Et encore : *Ce que vous avez fait à l'un de ces petits, c'est à moi-même que vous l'avez fait.* De leur côté, que les malades considèrent que c'est en l'honneur de Dieu qu'on les sert : qu'ils évitent de contrister les frères qui les servent par des exigences superflues. Il faudrait cependant les supporter avec patience, parce qu'on acquiert auprès d'eux un mérite plus grand. Que l'abbé veille donc avec le plus grand soin à ce que les malades ne souffrent d'aucune négligence. On assignera aux malades un logement à part, et, pour leur service, on désignera un frère craignant Dieu, attentif et plein de sollicitude. On procurera aux malades l'usage des bains, toutes les fois que cela sera expédient ; mais aux bien portants, surtout aux jeunes, on l'accordera plus rarement. De même, on concédera l'usage de la viande aux malades très affaiblis, afin de réparer leurs forces ;

mais dès qu'ils seront rétablis, tous respecteront l'abstinence habituelle. L'abbé veillera avec le plus grand soin à ce que les celleriers et les infirmiers n'apportent aucune négligence dans le service des malades ; c'est lui-même, en effet, qui est responsable de toutes les fautes dans lesquelles tomberaient ses disciples.

37

LES VIEILLARDS ET LES ENFANTS

Bien que la nature humaine porte par elle-même à l'indulgence envers ces deux âges que sont la vieillesse et l'enfance, l'autorité de la Règle doit néanmoins intervenir en ce qui les concerne. Qu'on ait donc toujours égard à la faiblesse de ces frères, et qu'on ne les astreigne aucunement à la rigueur de la Règle en ce qui concerne l'alimentation. On aura donc pour eux une affectueuse attention, et on leur permettra d'anticiper l'heure fixée pour les repas.

38

LE LECTEUR SEMAINIER

La lecture ne doit jamais manquer pendant le repas des frères, et il ne faut pas non plus que le premier venu s'empare du livre et fasse cette lecture ; mais un lecteur, désigné pour toute la semaine, entrera en fonction le dimanche. Après la messe et la communion, il se recommandera aux prières de tous, afin que Dieu détourne de lui l'esprit d'orgueil. Dans l'oratoire, il entonnera ce verset que tous diront trois fois après lui : *Dómine, lábia mea apéries, et os meum annuntiábit laudem tuam.* Après avoir reçu la bénédiction, il entrera en fonction. Qu'on observe un complet silence à table, et qu'on n'y entende ni chuchotements, ni bruit de paroles, mais seulement la voix du lecteur. Que les frères se communiquent mutuellement ce qui est nécessaire pour la nourriture et la boisson, en sorte que nul n'ait besoin de demander quoi que ce soit. Si toutefois on avait besoin de quelque chose, on le demandera au moyen de quelque signe, plutôt que par des paroles. Que personne ne se permette de poser à ce moment des questions sur la lecture ou sur autre chose, car ce serait une occasion de désordre. Cependant, le supérieur pourra dire quelques mots pour l'édification, s'il le juge à propos. Le frère lecteur de semaine prendra le mixte avant de commencer la lecture, à cause de la sainte communion, et de peur que le jeûne ne lui soit par trop pénible à supporter. Il prendra ensuite son repas avec les semainiers de la cuisine et les servants. Les frères ne liront ni ne chanteront selon le rang qu'ils occupent ; on choisira seulement ceux qui peuvent se faire entendre avec profit.

39

LA MESURE DE LA NOURRITURE

Pour le repas quotidien, qu'il ait lieu à la sixième ou à la neuvième heure, nous croyons que deux plats cuits doivent suffire, et cela pour tenir compte des diverses faiblesses. Ainsi, celui qui ne pourra pas manger de l'un pourra faire son repas avec l'autre. Deux plats cuits devront donc suffire aux frères, et si l'on a des fruits ou des légumes frais, on les ajoutera en troisième lieu. Une livre de pain, à bon poids, suffira pour chaque jour, soit qu'on fasse un seul repas, soit qu'il y en ait deux : à midi et le soir. Quand on fait un repas aussi le soir, le cellérier mettra en réserve un tiers de cette livre pour le servir à ce repas. Si le travail a été plus important, il dépendra de la volonté et du pouvoir de l'abbé d'ajouter quelque chose, s'il le juge opportun ; mais, avant tout, on évitera les excès, afin que le moine ne soit jamais surpris par l'indigestion. En effet, rien n'est plus contraire à la vie chrétienne que les excès de table, comme le dit notre Seigneur : *Prenez garde que vos cœurs ne s'appesan-*

tissent pas par des excès. Pour les enfants assez jeunes, on n'observera pas la mesure fixée pour les adultes : leur portion sera moindre, et on gardera ainsi en tout la modération. Mais tous s'abstiendront absolument de la chair des quadrupèdes, excepté les malades très affaiblis.

40

LA MESURE DE LA BOISSON

Chacun tient de Dieu son don particulier : celui-ci d'une manière, celui-là d'une autre. Ce n'est donc pas sans quelque scrupule que nous entreprenons de régler pour autrui la mesure de l'alimentation. Néanmoins, eu égard aux nécessités des faibles, nous croyons qu'une hémine de vin suffit à chacun pour la journée. Quant à ceux auxquels Dieu donne la force de s'en passer, qu'ils soient assurés qu'ils en recevront une récompense spéciale. Si la situation du lieu, ou le travail, ou les chaleurs de l'été, demandent davantage, la volonté du supérieur en décidera ; mais il veillera surtout à ne pas laisser s'introduire la satiété ou l'ivresse. Nous lisons, il est vrai, que « le vin ne convient aucunement aux moines » ; mais comme on ne saurait en convaincre les moines de notre temps, convenons du moins de n'en pas boire jusqu'à satiété, mais avec modération ; *car le vin fait apostasier même les sages.* Si les conditions locales ne permettaient pas de se procurer la susdite mesure de vin, mais beaucoup moins, ou même rien du tout, ceux qui résident en ce lieu devront bénir Dieu et ne pas murmurer ; car nous donnons par-dessus tout l'avertissement de s'abstenir des murmures.

41
À QUELLE HEURE LES FRÈRES DOIVENT PRENDRE LEURS REPAS

De la sainte Pâque à la Pentecôte, les frères prendront deux repas : à la sixième heure et le soir. À partir de la Pentecôte, au cours de tout l'été, ils jeûneront le mercredi et le vendredi jusqu'à l'heure de None, s'ils n'ont pas de travaux dans les champs, ou si la chaleur excessive de l'été ne les incommode pas. Les autres jours, ils prendront leur repas à la sixième heure. Cette sixième heure sera maintenue pour le repas si l'on doit travailler aux champs, ou si les chaleurs de l'été sont trop fortes ; la prévoyance de l'abbé en décidera. C'est ainsi qu'il doit équilibrer et disposer toute chose, en sorte que les âmes se sauvent, et que les frères accomplissent leur tâche sans motif légitime de murmure. Du quatorze septembre au commencement du Carême, les frères prendront toujours leur repas à la neuvième heure. Mais pendant le Carême, et jusqu'à Pâques, c'est après les vêpres qu'ils mangeront, en ayant soin de disposer l'heure des vêpres de façon que l'on n'ait pas besoin de lumière pour le repas, mais que tout se termine encore à la clarté du jour. Au reste, en toute saison, on réglera l'heure du repas du soir ou du seul repas de la journée, pour que tout se fasse à la clarté du jour.

42

QUE PERSONNE NE PARLE APRÈS COMPLIES

En tout temps, les moines doivent s'appliquer au silence, mais surtout aux heures de la nuit. C'est pourquoi en tout temps, les jours de jeûne et les jours sans jeûne, on fera ainsi : Quand il y a un repas le soir, ils iront s'asseoir tous ensemble, aussitôt après et l'un d'eux lira les Conférences ou les Vies des Pères, ou quelque autre texte qui soit de nature à édifier les auditeurs. On omettra l'Heptateuque et les livres des Rois, parce qu'il ne serait pas bon aux intelligences faibles d'entendre lire à ce moment cette partie de l'Écriture ; on pourra la lire à d'autres heures. Aux jours de jeûne, les vêpres étant dites, les frères se rendront promptement, après un court intervalle, à la lecture des Conférences, comme nous l'avons dit. On lira quatre ou cinq feuillets, ou autant que l'heure le permettra. Tous se rassembleront durant le temps de cette lecture, y compris ceux qui auraient été retardés par quelque obédience. Tous étant donc assemblés, on dira complies. À partir de la sortie de cet Office il ne sera plus permis à personne de parler d'aucune chose à qui que ce soit. Si quelqu'un est surpris à transgresser cette règle du silence, qu'il soit soumis à un châtiment sévère. On excepte le cas où il serait nécessaire de recevoir des hôtes, ou encore si l'abbé avait quelque chose à commander à quelqu'un ; même en ce cas, que cela se fasse avec le plus grand sérieux et une parfaite retenue.

43

CEUX QUI ARRIVENT EN RETARD À L'ŒUVRE DE DIEU OU À LA TABLE

À l'heure de l'Office divin, dès qu'on entendra le signal, on quittera ce à quoi on s'employait, et on accourra en tout empressement, en gardant néanmoins la gravité, afin de ne pas donner prise à la dissipation. Qu'on ne préfère donc rien à l'Œuvre de Dieu. Aux vigiles de la nuit, si quelqu'un arrive après le Gloria du psaume quatre-vingt-quatorzième, qui devra, pour ce motif, être récité d'une manière lente et prolongée, il ne prendra pas son rang au chœur, mais il se tiendra debout après tous les autres, ou dans un lieu à part que l'abbé aura désigné pour les négligents de cette sorte. Ainsi il sera exposé aux regards de l'abbé et de tous, et il y demeurera jusqu'à la fin de l'office ; c'est alors qu'il fera pénitence par une satisfaction publique. Si nous avons jugé à propos de les placer ainsi à part et au dernier rang, c'est afin que, se trouvant exposés aux regards de tous, l'humiliation même serve à leur amendement. Car s'ils restaient en dehors de l'oratoire, tel retournerait peut-être se coucher et dormir, tel s'assiérait dehors ou se livrerait au bavardage, donnant ainsi occasion à l'esprit malin. Il vaut bien mieux qu'ils entrent, au lieu de perdre tout l'office, et cela contribuera à les corriger.

Aux Heures du jour, celui qui arriverait à l'Œuvre de Dieu après le verset et le *Gloria* du premier psaume qui suit ce verset, se tiendra aussi à la dernière place, selon la règle que nous venons d'établir ; et il ne se permettra pas de s'unir au chœur des frères qui psalmodient, avant d'avoir fait satisfaction, à moins que, peut-être, l'abbé ne lui en donne permission en accordant son pardon ; même dans ce cas, le coupable devra accomplir ensuite une satisfaction.

Pour les repas, que tous se mettent à table en même temps. Celui qui par négligence ou par sa faute n'arriverait pas avant le verset, de façon que tous ensemble disent ce verset et l'oraison, sera repris jusqu'à deux fois. Si par la suite il ne s'amende pas, on ne lui permettra pas de participer à la table commune ; mais, séparé ainsi de la compagnie de tous, il mangera seul, et sera privé de sa portion de vin, jusqu'à ce qu'il ait fait satisfaction et se soit corrigé. Celui qui ne sera pas présent au verset que l'on dit après le repas, subira la même sanction. Nul ne se permettra de manger ou de boire quoi que ce soit avant ou après l'heure régulière ; mais si le supérieur offrait quelque chose à un frère, et que celui-ci ne l'accepte pas, lorsqu'il en viendra à désirer ce qu'il avait d'abord refusé, ou tout autre chose, on ne lui accordera absolument rien, jusqu'à ce qu'il ait fait une satisfaction convenable.

44
COMMENT LES EXCOMMUNIÉS FONT SATISFACTION

Celui qui, pour une faute grave, a été excommunié de l'oratoire et de la table commune, se tiendra prosterné devant la porte de l'oratoire, à l'heure où l'on y célèbre l'Œuvre de Dieu ; il ne dira rien, mais se bornera à demeurer étendu, le visage contre terre, prosterné aux pieds de tous ceux qui sortent de l'oratoire. Et il continuera de faire ainsi jusqu'à ce que l'abbé juge la satisfaction suffisante. Quand il en aura reçu l'ordre de l'abbé, il viendra se jeter à ses pieds et à ceux de tous les frères, afin qu'ils prient pour lui. Et alors, si l'abbé l'ordonne, il sera réintégré au chœur au rang que l'abbé aura désigné. Il n'aura cependant pas le droit d'imposer des psaumes dans l'oratoire, ni de réciter de leçon ou quoi que ce soit, sans un nouvel ordre de l'abbé. De plus, à toutes les heures, lorsqu'on termine l'Œuvre de Dieu, il se prosternera à terre à la place où il se trouve, et fera ainsi satisfaction, jusqu'à ce que l'abbé lui dise d'y mettre fin. Ceux qui, pour des fautes légères, sont seulement excommuniés de la table commune, satisferont dans l'oratoire. Ils continueront de faire ainsi jusqu'à ce que l'abbé leur ordonne de cesser, en leur donnant la bénédiction et en disant : « Cela suffit. »

45

CEUX QUI SE TROMPENT À L'ORATOIRE

Lorsque quelqu'un se trompe dans la récitation d'un psaume, d'un répons, d'une antienne ou d'une leçon, s'il ne s'humilie pas sur place et devant tout le monde, en faisant satisfaction, il sera soumis à une correction plus sévère, puisqu'il n'a pas voulu réparer par un acte d'humilité la faute qu'il a commise par sa négligence. Les enfants, pour ces sortes de fautes, seront frappés.

46

LES MANQUEMENTS COMMIS EN D'AUTRES DOMAINES

Lorsque quelqu'un, dans un travail quelconque, à la cuisine, au cellier, dans un service, à la boulangerie, au jardin, dans l'exercice d'un travail, et en quelque lieu que ce soit, vient à commettre quelque manquement, à briser ou à perdre quelque chose, ou à tomber dans quelque autre faute, ici ou là, s'il ne vient pas aussitôt spontanément en faire satisfaction et déclarer son manquement en présence de l'abbé et de la communauté, et qu'on vienne à le connaître par un autre, il sera soumis à une peine plus sévère. Mais s'il s'agit d'un péché demeuré secret parce qu'il s'est passé dans l'âme, il le découvrira seulement à l'abbé ou à des pères spirituels, qui sachent guérir leurs propres blessures et celles des autres, sans les découvrir ni les divulguer.

47

LA CHARGE D'ANNONCER L'HEURE DE L'ŒUVRE DE DIEU

La charge de sonner l'heure de l'Œuvre de Dieu, tant de jour que de nuit, appartiendra à l'abbé. Il l'exercera par lui-même, ou la confiera à un frère assez vigilant pour que tout se fasse aux heures prescrites. Ceux qui en auront reçu l'ordre entonneront les psaumes et les antiennes, à leur rang, après l'abbé. Mais que nul ne s'ingère de chanter ou de lire, s'il ne peut s'acquitter de cette fonction de manière à édifier les auditeurs. Celui qui aura été désigné par l'abbé s'acquittera de sa fonction avec humilité, gravité et grand respect.

48

LE TRAVAIL MANUEL QUOTIDIEN

L'oisiveté est ennemie de l'âme. Les frères doivent donc consacrer certaines heures au travail des mains, et d'autres heures à la lectio divina. C'est pourquoi nous croyons devoir régler, de cette manière, l'une et l'autre de ces occupations. De Pâques au premier octobre, les frères sortiront dès le matin pour s'employer aux travaux nécessaires, de la première heure du jour jusqu'à la quatrième environ. À partir de la quatrième heure jusque vers la sixième ils vaqueront à la lecture. Après la sixième heure, s'étant levés de table, ils reposeront sur leurs lits dans le plus complet silence. Si quelqu'un veut lire, qu'il lise pour lui seul, de manière à ne pas importuner les autres. None sera un peu avancée au milieu de la huitième heure, puis ils retourneront au travail assigné jusqu'aux vêpres. Si la nécessité du lieu ou la pauvreté exigent que les frères s'emploient eux-mêmes aux récoltes, qu'ils ne s'en affligent pas ; car c'est alors qu'ils seront véritablement moines, s'ils vivent du travail de leurs mains, à l'exemple de nos Pères et des apôtres. Que tout se fasse cependant avec mesure, par égard pour les faibles.

Du premier octobre au début du Carême, les frères vaqueront à la lecture jusqu'à la fin de la deuxième heure. La deuxième heure passée, on dira Tierce ; puis, jusqu'à None, tous iront travailler à la tâche assignée. Au premier signal de None, chacun quittera son travail, et se tiendra prêt pour le moment où le second signal retentira. Après le repas, ils s'appliqueront à leurs lectures ou à l'étude des psaumes. Durant le Carême, ils vaqueront à la lecture depuis le matin jusqu'à la fin de la troisième heure. Ils s'occuperont ensuite au travail qui leur aura été enjoint, jusqu'à la fin de la dixième heure. En ces jours de Carême, chacun recevra un livre de la bibliothèque, qu'il devra lire en entier et d'une manière suivie. Ces livres seront distribués au début du Carême. On ne manquera pas de désigner un ou deux anciens, qui parcourront le monastère aux heures où les frères vaquent à la lecture, afin de voir s'il ne se rencontre pas, par hasard, quelque frère nonchalant qui, au lieu de s'appliquer à la lecture, se livrerait à l'oisiveté ou à des bavardages, et qui, non seulement se nuit à lui-même, mais encore entraîne les autres à la dissipation. Si un frère est surpris en pareille faute - ce qu'à Dieu ne plaise - on le réprimandera une première et une deuxième fois ; s'il ne s'amende pas, qu'on le soumette à la correction régulière, pour inspirer de la crainte aux autres. Un frère ne se joindra pas à un autre frère aux heures indues.

Le dimanche, tous les frères vaqueront à la lecture, sauf ceux qui sont employés pour des services particuliers. Si toutefois quelqu'un était à ce point négligent ou si paresseux qu'il ne voulût ni méditer ni lire, ou encore s'il en était incapable, on lui assignerait un travail à faire, pour qu'il ne reste pas inoccupé. Aux frères infirmes ou délicats, on donnera une occupation ou un métier qui leur évite le désœuvrement, sans que l'accablement du travail les porte à se décourager, voire à se dérober. Leur faiblesse devra être prise en considération par l'abbé.

49

L'OBSERVANCE DU CARÊME

La vie du moine devrait être en tout temps aussi observante que durant le Carême. Mais, comme cette perfection ne se rencontre que dans un petit nombre, nous exhortons les frères à garder leur vie en toute pureté durant les jours du Carême, et à réparer en ces saints jours toutes les négligences des autres temps. Nous le ferons comme il convient, si nous réfrénons nos penchants mauvais, et si nous nous appliquons à la prière avec larmes, à la lecture, à la componction du cœur et au renoncement. Donc, en ces jours, ajoutons quelque chose au poids habituel de notre service : des prières particulières, une restriction dans les aliments et la boisson, en sorte que chacun, spontanément, offre à Dieu, dans la joie du Saint-Esprit, quelque chose en plus de la mesure qui lui est prescrite ; qu'il retranche à son corps sur la nourriture, la boisson, le sommeil, la propension à parler ou à plaisanter, et qu'il attende la sainte Pâque avec l'allégresse du désir spirituel. Mais chacun soumettra à son abbé ce qu'il veut offrir, afin que tout se fasse avec le secours de ses prières et son approbation ; car tout ce qui se fait sans la permission du père spirituel sera mis au compte de la présomption et de la vaine gloire, et n'aura pas de récompense. Que tout se fasse donc avec l'assentiment de l'abbé.

50

LES FRÈRES QUI TRAVAILLENT LOIN DE L'ORATOIRE, OU QUI SONT EN VOYAGE

Les frères qui travaillent à une distance considérable ne peuvent se rendre à l'oratoire pour l'heure assignée. Si l'abbé a reconnu qu'il en est ainsi, ils célébreront l'Œuvre de Dieu au lieu même du travail, fléchissant les genoux avec un religieux respect. De même, ceux qui sont en voyage ne laisseront point passer les heures prescrites ; mais ils les célébreront de leur mieux, en leur particulier, sans manquer jamais de satisfaire à cette obligation de leur service.

51

LES FRÈRES QUI SE RENDENT EN DES LIEUX PEU ÉLOIGNÉS

Le frère qui sort pour une affaire quelconque, et espère rentrer le jour même au monastère, ne se permettra pas de manger au dehors, lors même qu'il y serait invité instamment par qui que ce soit ; à moins peut-être que l'abbé ne lui en ait donné l'autorisation. S'il agit autrement, qu'il soit excommunié.

52
L'ORATOIRE DU MONASTÈRE

L'oratoire sera ce qu'indique son nom. On n'y fera et on n'y déposera rien d'étranger à sa destination. L'Œuvre de Dieu étant terminée, tous les frères sortiront dans un profond silence, et témoigneront de leur grand respect envers Dieu. Si un frère voulait rester pour prier en son particulier, qu'il ne soit pas dérangé par l'importunité d'un autre. De même, si, à d'autres moments, un frère désire se recueillir dans le secret de l'oraison, qu'il entre simplement et qu'il prie, non pas avec éclats de voix, mais avec larmes et ferveur du cœur. À qui ferait autrement, on ne permettra pas de rester à l'oratoire après l'Œuvre de Dieu, comme nous l'avons dit, afin que d'autres n'en souffrent pas.

53

LA RÉCEPTION DES HÔTES

On recevra comme le Christ tous les hôtes qui surviennent, car lui-même doit dire un jour : *J'ai demandé l'hospitalité et vous m'avez reçu.* On rendra à chacun l'honneur qui lui est dû, principalement aux frères dans la foi et aux pèlerins. Aussitôt qu'un hôte aura été annoncé, le supérieur et les frères iront à sa rencontre en tout empressement de charité. Ils prieront d'abord ensemble, et ensuite ils échangeront la paix. Ce baiser de paix ne doit se donner qu'après la prière, pour conjurer les tromperies du démon. Dans la salutation elle-même, on montrera une profonde humilité à tous les hôtes qui arrivent ou qui s'en vont. Par une inclination de tête ou même une prostration de tout le corps à terre, on adorera en eux le Christ que l'on reçoit en leur personne. Après cet accueil, on les conduira à la prière ; ensuite, le supérieur, ou celui qu'il aura désigné, s'assiéra avec eux. On lira devant eux la loi divine pour leur édification ; après quoi on leur rendra tous les devoirs de l'hospitalité. Le supérieur rompra le jeûne à cause de l'hôte, à moins que ce ne soit un des jeûnes principaux dont on ne saurait se dispenser. Mais les frères n'interrompront pas l'observance des jeûnes. L'abbé versera de l'eau sur les mains des hôtes. Assisté de la communauté entière, l'abbé lavera les pieds de tous les hôtes. Une fois ce service accompli, ils diront le verset *Suscépimus, Deus, misericórdiam tuam in médio templi tui.* Les pauvres et les pèlerins seront reçus avec la plus grande sollicitude, car c'est principalement en leur personne qu'on reçoit le Christ. Pour les riches, en effet, la seule crainte de leur déplaire porte d'elle-même à les honorer.

    La cuisine de l'abbé et des hôtes sera à part ; ainsi les frères ne seront pas troublés par l'arrivée des hôtes, qui surviennent à des heures incertaines, et qui ne manquent jamais au monastère. Chaque année, deux frères capables de bien remplir leur office, entreront au service de cette cuisine. On leur donnera de l'aide s'ils en ont besoin, afin qu'ils assurent leur service sans murmure. En revanche, quand ils seront moins occupés, ils iront travailler là où on le leur dira. Et non seulement dans cet office, mais dans tous les autres du monastère, on observera cette disposition : quand les frères auront besoin d'aide, on leur en procurera ; et lorsqu'ils manqueront d'occupation, l'obéissance leur en fournira. Le logement des hôtes sera confié à la charge d'un frère dont l'âme soit pénétrée de la crainte de Dieu. Il y aura des lits garnis en nombre suffisant, et l'on fera en sorte que la maison de Dieu soit administrée sagement par des gens sages. On n'abordera pas les hôtes, et on ne s'entretiendra pas avec eux, sans en avoir reçu la permission ; mais si on les rencontre ou si on les aperçoit, on les saluera humblement, comme il a été dit ; et après leur avoir demandé une bénédiction, le frère passera son chemin, en disant qu'il ne lui est pas permis de parler à un hôte.

54

UN MOINE PEUT-IL RECEVOIR DES LETTRES OU QUELQUE AUTRE CHOSE ?

Il n'est permis en aucune façon à un moine, sans la permission de l'abbé, de recevoir, ni de ses parents ni de qui que ce soit, pas même de ses frères, des lettres, des objets de dévotion, et pas le moindre petit cadeau, pas plus que d'en donner. Même si ses parents lui adressent quelque chose, il ne se permettra pas de l'accepter avant d'en avoir référé à l'abbé. Si l'abbé juge à propos qu'on accepte ce cadeau, c'est encore lui qui en désignera le bénéficiaire. Le frère à qui on l'avait envoyé ne s'en contristera point, de peur de donner prise au diable. Celui qui se permettrait d'agir autrement sera soumis à la discipline régulière.

55

LES VÊTEMENTS ET LES CHAUSSURES DES FRÈRES

Les vêtements fournis aux frères seront adaptés à la nature des lieux où ils habitent et au climat de la région ; car il faut davantage dans les pays froids, et moins dans les pays chauds. Cette appréciation est donc laissée à l'abbé. Nous croyons toutefois que, dans les climats tempérés, il suffit aux moines d'avoir chacun une coule et une tunique - coule épaisse en hiver, légère ou usagée en été - et un scapulaire pour le travail ; enfin, pour protéger les pieds, des bas et des chaussures. Les moines ne se mettront pas en peine de la couleur, ou de la qualité de ces vêtements ; mais ils les accepteront tels qu'on les trouve dans le pays qu'ils habitent, et aussi simples qu'on pourra se les procurer. L'abbé veillera à la mesure des vêtements pour qu'ils ne soient pas trop courts, mais adaptés à la taille de ceux qui les portent. Quand on en recevra de neufs, on rendra toujours immédiatement les anciens, qui seront déposés au vestiaire à l'intention des pauvres ; il suffit en effet à un moine d'avoir deux tuniques et deux coules, pour en changer la nuit, et pour pouvoir les faire laver. Tout ce qui viendrait en plus est superflu, et doit être retranché. Les frères rendront également les bas et tout ce qui est usagé, lorsqu'on leur donnera du neuf. Ceux qui partent en voyage recevront des fémoraux du vestiaire ; ils les y remettront à leur retour, après les avoir lavés. Les coules et les tuniques seront alors un peu meilleures que celles qu'ils portent habituellement ; à leur départ, ils les recevront du vestiaire, et les rendront à leur retour.

Pour la garniture des lits, il suffira d'une natte, d'une couverture ordinaire, d'une autre en laine et d'un oreiller. L'abbé fera souvent la visite de ces lits, pour s'assurer qu'il ne s'y trouve point quelque objet qu'on se serait approprié. Et si l'on découvrait quelque chose que le moine n'eût pas reçu de l'abbé, il serait soumis à une correction très sévère. Pour que ce vice de la propriété soit coupé jusqu'à la racine, l'abbé donnera à chacun tout ce qui lui est nécessaire, c'est-à-dire : une coule, une tunique, des bas, des chaussures, une ceinture, un couteau, un stylet, une aiguille, un mouchoir, des tablettes, afin d'enlever toute excuse tirée de la nécessité. Cependant l'abbé doit toujours se souvenir de cette sentence des Actes des Apôtres : *On donnait à chacun selon ses besoins.* Que l'abbé prenne donc en considération les besoins qui sont réels, et qu'il ne tienne pas compte de la mauvaise volonté des envieux. Qu'en tous ses jugements, néanmoins, il se souvienne que Dieu lui rendra selon ses actes.

56

LA TABLE DE L'ABBÉ

L'abbé prendra toujours ses repas avec les hôtes et les pèlerins. Cependant lorsque les hôtes sont moins nombreux, il pourra inviter à sa table ceux des frères qu'il voudra. Qu'il laisse pourtant un ou deux anciens avec les frères, pour le maintien du bon ordre.

57

LES ARTISANS DU MONASTÈRE

S'il se trouve des artisans au monastère, ils exerceront leur métier en toute humilité, si toutefois l'abbé le leur a permis. Si quelqu'un d'eux tire vanité de ce qu'il sait faire, parce qu'il semble procurer quelque avantage au monastère, qu'il soit écarté de ce travail, et ne s'en mêle plus désormais ; à moins qu'il ne s'humilie, et que l'abbé ne lui ordonne de s'y employer à nouveau. Si l'on doit vendre des produits de ce travail, ceux par les mains desquels se font les transactions se garderont bien d'y commettre quelque fraude. Qu'ils se souviennent toujours d'Ananie et de Saphire, de peur que la mort que ceux-ci subirent dans leur corps, ils ne l'éprouvent dans l'âme, eux et tous ceux qui se rendraient coupables de fraude avec les biens du monastère. Que l'appât du gain ne se glisse pas non plus dans les prix de vente ; mais on doit toujours vendre un peu moins cher que les séculiers, *afin qu'en toute chose Dieu soit glorifié.*

58

LA MANIÈRE DE RECEVOIR LES FRÈRES

On n'accordera pas facilement l'entrée à celui qui se présente pour s'engager dans la vie monastique, mais on suivra cet avis de l'apôtre : *Éprouvez les esprits pour voir s'ils sont de Dieu*. Donc, si celui qui se présente frappe à la porte avec persévérance, si l'on reconnaît qu'il est patient à supporter les rebuffades et les difficultés de l'admission, et s'il persiste dans sa demande depuis quatre ou cinq jours, on consentira alors à l'introduire, et il demeurera durant quelques jours dans le logis des hôtes. Ensuite, on le recevra dans le logement des novices, où ceux-ci s'exercent à la vie monastique, mangent et dorment. On placera auprès d'eux un ancien qui soit apte à gagner les âmes, et qui veillera sur eux avec la plus grande attention. On examinera soigneusement si le novice cherche vraiment Dieu, s'il est empressé à l'Œuvre de Dieu, à l'obéissance et aux humiliations. Qu'on lui parle par avance de toutes les choses dures et âpres par lesquelles on va à Dieu. S'il promet de persévérer en sa résolution, au bout de deux mois, on lui lira cette

Règle intégralement, et on lui dira : « Voici la loi sous laquelle tu veux militer. Si tu peux l'observer, entre ; si tu ne le peux pas, retire-toi librement. » S'il tient bon, on le reconduira au susdit logement des novices, et on continuera à l'éprouver en toute patience. Après un délai de six mois, on lui exposera encore la Règle, afin qu'il sache à quoi il s'engage. S'il demeure ferme dans son propos, on lui lira de nouveau cette même Règle après quatre autres mois. Et si, après mûre délibération, il promet de la garder dans tous ses points et d'observer tout ce qui lui sera commandé, on le recevra alors dans la communauté. Il devra savoir qu'à partir de ce jour, en vertu de la loi même de la Règle, il ne lui sera plus permis de quitter le monastère, ni de secouer le joug de cette Règle, qu'après une si longue délibération il était à même de refuser ou d'accepter.

Avant d'être reçu dans la communauté, le frère promettra devant tous, dans l'oratoire, sa stabilité, la conversion de ses mœurs et l'obéissance, en présence de Dieu et de ses saints, en sorte que, si un jour il agissait autrement, il sache qu'il sera condamné par celui dont il se moque. De cette promesse, il fera un acte écrit au nom des saints dont les reliques sont gardées en ce lieu et de l'abbé présent. Il écrira cette déclaration de sa propre main, ou, s'il ne sait pas écrire, un autre, à sa demande, l'écrira pour lui. Le novice la signera et la déposera lui-même sur l'autel. Après l'avoir déposée, le novice entonnera aussitôt ce verset : *Súscipe me, Dómine, secúndum elóquium tuum, et vivam ; et non confúndas me ab expectatióne mea.* Toute la communauté reprendra trois fois ce verset, et on y ajoutera le Gloria Patri. Le frère novice se prosternera aux pieds de chacun, demandant qu'on prie pour lui ; et à partir de ce moment il fera partie de la communauté. S'il possède quelques biens, il devra préalablement ou les distribuer aux pauvres, ou en faire donation en bonne et due forme au monastère, ne se réservant rien du tout ; il sait en effet qu'à partir de ce jour, il n'aura même pas la disposition de son propre corps. On lui enlèvera donc immédiatement, dans l'oratoire, ses effets personnels, et on le revêtira d'habits appartenant au monastère. Cependant, les vêtements qu'il aura quittés seront déposés au vestiaire pour y être conservés : si, un jour, par l'instigation du diable, il décidait de quitter le monastère - ce qu'à Dieu ne plaise - on pourrait ainsi lui ôter les vêtements du monastère, avant de le congédier. On ne lui rendra pas néanmoins sa promesse écrite, que l'abbé a prise sur l'autel, mais on la gardera dans le monastère.

59

LES FILS DE NOBLES OU DE PAUVRES QUI SONT OFFERTS

Si une personne de haute condition veut offrir son fils à Dieu dans le monastère, et si l'enfant est en bas âge, ses parents rédigeront eux-mêmes l'acte dont nous avons parlé. Ils envelopperont cette déclaration et la main de l'enfant, dans la nappe de l'autel, avec l'offrande : et c'est ainsi qu'ils offriront leur enfant. Quant à leurs biens, ils s'engageront sous serment, dans l'acte en question, à n'en jamais rien donner à l'enfant, et à ne lui fournir aucun moyen d'y prétendre, ni par eux-mêmes, ni par une personne interposée, ni enfin de toute autre manière. Si cette mesure ne leur convient pas, mais qu'ils entendent cependant offrir au monastère une aumône pour leur profit spirituel, ils feront à la communauté donation des biens qu'ils ont résolu de lui donner, s'en réservant l'usufruit, s'ils le désirent. Toute issue sera fermée à l'enfant, de telle sorte qu'il ne lui reste aucune arrière-pensée susceptible de le tromper ou de le mener à sa perte - Dieu l'en garde ! C'est ce que nous avons appris par l'expérience. Ceux qui sont moins fortunés agiront de la même manière. Quant à ceux qui ne possèdent absolument rien, ils rédigeront simplement l'acte susdit, et ils offriront leur fils avec l'oblation, devant témoins.

60

LES PRÊTRES QUI VOUDRAIENT SE FIXER DANS LE MONASTÈRE

Lorsqu'un prêtre sollicite son admission dans le monastère, on ne l'acceptera pas trop vite ; toutefois, s'il persiste avec insistance dans sa demande, il faut qu'il sache qu'on l'obligera à garder toute la discipline de la Règle, et qu'on n'en relâchera rien pour lui. Alors on pourra lui dire comme dans l'Écriture : *Mon ami, à quel dessein es-tu venu ?* On lui accordera néanmoins de prendre rang après l'abbé, de donner les bénédictions et de célébrer la messe, si toutefois l'abbé l'y autorise ; pour le reste, il n'aura aucune prétention, sachant qu'il est assujetti à la discipline régulière ; il donnera plutôt à tous l'exemple de l'humilité. Au monastère, quand il faut choisir un frère pour une charge, ou discuter d'autres affaires, il considérera le rang de son entrée, et non celui qu'on lui a accordé par respect pour son sacerdoce. Et, si un clerc, animé par le même désir, veut s'agréger au monastère, on le placera dans un rang moyen. Il devra, lui aussi, promettre de garder l'observance de la Règle et sa stabilité.

61

COMMENT RECEVOIR LES MOINES ÉTRANGERS

Si un moine étranger, venu d'une contrée lointaine, demande à séjourner au monastère en qualité d'hôte, on le recevra aussi longtemps qu'il le désire, pourvu qu'il se contente du genre de vie qu'on y mène, et qu'il ne trouble pas le monastère par de vaines exigences, mais se contente tout simplement de ce qu'il trouve. S'il reproche quelque chose ou s'il fait des remarques, de façon raisonnable et avec l'humilité de la charité, l'abbé en vérifiera le bien-fondé avec prudence ; car c'est peut-être pour cela même que le Seigneur l'a envoyé. Par la suite, s'il veut fixer sa stabilité, on ne mettra pas d'opposition à son dessein, d'autant plus que, durant son séjour en qualité d'hôte, on aura pu apprécier sa manière de vivre.

Si le moine étranger a été trouvé exigeant ou vicieux pendant son séjour en qualité d'hôte, non seulement on ne doit pas l'agréger au corps du monastère, mais on lui dira poliment de se retirer, de peur que sa misère ne soit préjudiciable aux autres. Si, au contraire, sa conduite ne mérite pas qu'on le congédie, il faut non seulement le recevoir et l'unir à la communauté, s'il le demande, mais il faut encore l'encourager à s'y fixer, pour que les autres soient instruits par son exemple, et parce qu'en tout lieu on sert un même Seigneur et on milite sous un même Roi. Si l'abbé l'en juge digne, il pourra même l'établir dans un rang un peu plus élevé. L'abbé peut d'ailleurs établir dans un rang supérieur non seulement les moines, mais aussi les prêtres et les clercs dont nous avons parlé plus haut, s'il voit que leur vie en est digne. Mais que l'abbé se garde d'admettre à demeure un moine d'un monastère connu, sans le consentement de son abbé, ou sans lettres de recommandation ; car il est écrit : *Ce que tu ne veux pas qu'on te fasse, ne le fais pas à autrui.*

62

LES PRÊTRES DU MONASTÈRE

Si l'abbé désire faire ordonner un prêtre ou un diacre pour son monastère, il choisira parmi les siens quelqu'un qui soit digne d'exercer le sacerdoce. Celui qui a reçu l'ordination devra se garder de l'arrogance et de l'orgueil. Il ne se permettra pas de faire quelque chose que l'abbé ne lui aurait pas commandé, sachant qu'il est assujetti à la discipline régulière encore plus qu'auparavant. Il ne prendra pas prétexte de son sacerdoce pour oublier l'obéissance et l'observance prescrite par la Règle ; au contraire, il avancera de plus en plus vers Dieu. Il gardera toujours le rang qui correspond à son entrée au monastère, sauf quand il officie à l'autel, ou si peut-être le choix de la communauté et la volonté de l'abbé lui ont attribué un rang plus élevé en raison du mérite de sa vie. Cependant, il saura qu'il est tenu d'observer les dispositions établies pour les doyens et les supérieurs. S'il osait agir autrement, qu'il soit traité, non comme prêtre, mais comme rebelle. Et s'il ne se corrigeait pas, après avoir été souvent admonesté, on aurait même recours à l'autorité de l'évêque. Si même alors il ne s'amendait pas, ses fautes devenant manifestes, on l'expulserait du monastère, à supposer toutefois que son obstination soit telle qu'il refusât de se soumettre et d'obéir à la Règle.

63

LE RANG QUE L'ON DOIT GARDER DANS LA COMMUNAUTÉ

Les frères garderont dans le monastère le rang qu'ils occupent soit selon la date de leur entrée, soit selon le mérite de leur vie, soit par une décision de l'abbé. Toutefois, l'abbé ne doit pas jeter le trouble dans le troupeau qui lui est confié, ni prendre des dispositions injustes, comme s'il exerçait un pouvoir arbitraire ; mais qu'il songe sans cesse qu'il devra rendre compte à Dieu de toutes ses décisions et de tous ses actes. C'est donc suivant le rang que l'abbé aura fixé, ou celui qui leur revient d'après la date de l'entrée, que les frères avanceront pour le baiser de paix et pour la communion, imposeront les psaumes et prendront place au chœur. En quelque lieu que ce soit, l'âge ne sera un critère ni pour déterminer le rang, ni pour apprécier la valeur des personnes : car Samuel et Daniel, encore enfants, ont jugé des anciens. Donc, à l'exception de ceux que, comme nous l'avons dit, l'abbé aura placé plus haut à bon escient, ou qu'il aura rétrogradés pour des raisons fondées, tous les autres garderont le rang de leur entrée au monastère. Ainsi, par exemple, celui qui sera venu à la seconde heure du jour, quel que soit son âge ou sa dignité, devra savoir que sa place est au-dessous de celui qui est arrivé à la première heure. Quant aux enfants, ils seront maintenus dans la discipline en toute chose et par tous.

Les plus jeunes honoreront donc leurs aînés, et les anciens auront de l'affection pour leurs cadets. Lorsqu'ils se nommeront les uns les autres, il ne sera permis à personne d'appeler quelqu'un par son seul nom ; mais les anciens donneront aux plus jeunes le nom de frères, et les plus jeunes donneront à leurs anciens le titre de *nonni*, terme qui exprime la révérence due à un père. Quant à l'abbé, parce qu'on croit fermement qu'il tient la place du Christ, on l'appellera seigneur et abbé, non point qu'il en fasse une prétention, mais pour l'honneur et l'amour du Christ. Que l'abbé y réfléchisse donc et qu'il se montre digne d'un tel honneur. Chaque fois que les frères se rencontrent, le plus jeune demandera la bénédiction à l'ancien. Si un ancien vient à passer, le plus jeune se lèvera et lui offrira son siège ; il ne se permettra pas de se rasseoir sans y être invité par son ancien, afin d'accomplir ce qui est écrit : *Prévenez-vous d'honneur les uns les autres*. Les jeunes enfants et les adolescents garderont leur rang en bon ordre dans l'oratoire et au réfectoire. Mais à l'extérieur et en tout lieu, ils seront sous une surveillance et une discipline spéciales, jusqu'à ce qu'ils aient atteint un âge raisonnable.

64
L'ÉTABLISSEMENT DE L'ABBÉ

Pour l'établissement de l'abbé, on tiendra pour règle constante d'instituer celui qui aura été choisi soit par toute la communauté, unanime, inspirée par la crainte de Dieu, soit encore par une partie de la communauté, si petite soit-elle, mais dirigée par un jugement plus sain. C'est d'après le mérite de la vie et la sagesse de la doctrine que sera élu celui qui doit être établi, même s'il occupe le dernier rang dans la communauté. Si, par malheur, la communauté tout entière choisissait d'un commun accord une personne complice de ses dérèglements, l'évêque du diocèse auquel appartient ce monastère, ou les abbés et les chrétiens du voisinage, qui auraient connaissance de ce désordre, devraient empêcher le complot des méchants de prévaloir, et ils pourvoiraient eux-mêmes la maison de Dieu d'un digne intendant. Ils seront assurés d'en recevoir une bonne récompense, s'ils le font avec une intention pure et par le zèle pour Dieu ; inversement, ils commettraient un péché s'ils négligeaient ce devoir.

L'abbé, une fois établi, considérera sans cesse quelle charge il a reçue, et quel est celui auquel il devra rendre compte de sa gestion. Qu'il sache qu'il lui faut se dévouer plus que dominer. Il doit donc être docte dans la loi divine, pour qu'il sache où puiser le neuf et l'ancien. Qu'il soit chaste, sobre, indulgent, faisant toujours prévaloir la miséricorde sur la justice, afin d'obtenir pour lui-même un traitement semblable. Qu'il haïsse les vices, mais qu'il aime les frères. Dans les corrections, qu'il agisse avec prudence et sans excès, de crainte qu'en voulant trop racler la rouille, il ne brise le vase. Qu'il ait toujours devant les yeux sa propre fragilité, et qu'il se souvienne qu'on ne doit pas broyer le roseau déjà éclaté. Et par là, nous n'entendons pas dire qu'il permette aux vices de se développer ; mais qu'il les retranche avec prudence et charité, et selon ce qu'il juge bon pour chaque frère, comme nous l'avons déjà expliqué. Qu'il cherche plus à être aimé qu'à être craint. Qu'il ne soit ni agité, ni d'humeur inquiète ; qu'il ne soit ni excessif, ni obstiné ; qu'il ne soit ni jaloux, ni trop soupçonneux, sinon il n'aura jamais de repos. Qu'il soit prévoyant et circonspect dans son gouvernement. Dans les tâches qu'il distribuera, qu'il s'agisse des choses de Dieu ou des choses temporelles, qu'il use de discernement et de modération, se rappelant la discrétion du saint patriarche Jacob, qui disait : *Si je fatigue mes troupeaux en les faisant trop marcher, ils périront tous en un seul jour.*

Mettant donc à profit cet exemple et d'autres semblables sur la discrétion, qui est la mère des vertus, il mettra de la mesure en toutes choses, de telle sorte que les forts désirent faire davantage, et que les faibles ne soient pas tentés de fuir. Et surtout, qu'il garde la présente Règle en tous ses points ; c'est alors qu'après avoir bien administré, il pourra entendre le Seigneur lui dire, comme au bon serviteur qui a distribué en temps opportun la nourriture à ses compagnons : *En vérité, je vous le dis, le Maître l'établira sur tous ses biens.*

65

LE PRIEUR DU MONASTÈRE

Il est arrivé, assez souvent, que l'établissement du prieur engendre de graves désordres dans les monastères. Il s'en trouve, en effet, qui, enflés d'un funeste esprit d'orgueil, s'imaginent être de seconds abbés, usurpent le pouvoir, entretiennent le désordre, et suscitent des dissensions dans la communauté. Cela se produit surtout en ces lieux où le prieur est établi par le même évêque ou par les mêmes abbés qui ont établi l'abbé. Il est aisé de comprendre combien cette manière de faire est absurde ; car dès le principe de son établissement, on fournit au prieur l'occasion de s'enorgueillir, ses pensées lui suggérant qu'il est soustrait à l'autorité de son abbé, puisqu'il a été établi par ceux-là mêmes qui ont établi l'abbé. De là surgissent des jalousies, des discordes, des médisances, des rivalités, des cabales, des désordres. Tandis que l'abbé et le prieur sont ainsi opposés l'un à l'autre, il est inévitable que, dans ce conflit, leur âme soit en danger ; quant à ceux qui sont sous leur conduite, ils courent à leur perte, en prenant parti pour l'un ou pour l'autre. La responsabilité d'un fléau aussi dangereux incombe au premier chef à ceux qui se sont faits les auteurs d'un tel désordre.

Nous pensons donc que, pour la sauvegarde de la paix et de la charité, il importe que l'organisation du monastère dépende du jugement de l'abbé. Et si faire se peut, que toute la marche du monastère soit assurée par des doyens, selon les ordres de l'abbé, ainsi que nous l'avons établi par ailleurs ; la charge étant ainsi confiée à plusieurs, un seul ne peut pas en tirer orgueil. Cependant, si la situation du monastère le requiert, ou si la communauté le demande pour un juste motif et avec humilité, et si l'abbé juge que cela est opportun, il pourra choisir celui qu'il voudra, et nommera lui-même son prieur, avec le conseil des frères craignant Dieu. Le prieur exécutera respectueusement tout ce que son abbé lui aura enjoint, et il ne fera rien qui soit contraire à sa volonté ou à ses dispositions ; car dans la mesure où sa charge l'élève au-dessus des autres, il lui faut observer les prescriptions de la Règle avec plus de soin. Si ce prieur tombait dans quelque faute grave, ou s'il s'enflait d'orgueil, ou s'il était convaincu de mépris pour la sainte Règle, on le reprendrait par une semonce jusqu'à quatre fois. S'il ne s'amendait pas, on lui ferait subir la correction de la discipline régulière. Si par ces moyens il ne se corrigeait pas encore, on le destituerait de son rang de prieur, et on le remplacerait par un autre qui en soit digne. Et si, dans la suite, il ne se montrait pas tranquille et obéissant dans la communauté, on l'expulserait même du monastère. Que l'abbé néanmoins songe qu'il doit rendre compte à Dieu de tous ses jugements, de peur que le feu de l'envie ou de la jalousie ne vienne à brûler son âme.

66

LES PORTIERS DU MONASTÈRE

On placera à la porte du monastère un sage vieillard qui sache recevoir un message et fournir un renseignement, et dont la maturité le préserve de courir çà et là. Le portier doit avoir son logement près de la porte, afin que ceux qui arrivent le trouvent toujours présent pour leur répondre. Aussitôt que quelqu'un aura frappé, ou qu'un pauvre aura appelé, il répondra : *Deo grátias* ou *Bénedic*, et, avec toute la bienveillance qu'inspire la crainte de Dieu, il s'empressera de répondre dans la ferveur de la charité. Si le portier a besoin d'aide, on lui donnera un frère plus jeune. Quant au monastère, si c'est possible, il doit être construit de telle sorte que l'on y trouve toutes les choses nécessaires, c'est-à-dire : de l'eau, un moulin, un jardin, et des ateliers, pour que les divers métiers puissent être exercés à l'intérieur de la clôture. De la sorte, les moines n'auront aucune nécessité de se disperser au dehors, ce qui n'est aucunement avantageux pour leurs âmes. Nous voulons que cette

Règle soit lue souvent en communauté, afin qu'aucun frère ne trouve dans l'ignorance un prétexte pour s'excuser.

67
LES FRÈRES QUE L'ON ENVOIE EN VOYAGE

Les frères qui doivent aller en voyage se recommanderont aux prières de tous les frères et de l'abbé ; d'ailleurs, après la dernière oraison de l'Œuvre de Dieu, on fera toujours mémoire de tous les absents. En rentrant de voyage, et le jour même de leur retour, les frères se prosterneront à terre dans l'oratoire, à la fin de toutes les heures canoniales de l'Œuvre de Dieu : ils demanderont ainsi que tous prient pour eux en raison des écarts qu'ils auraient pu commettre durant le voyage, car ils se sont peut-être laissé surprendre en voyant ou entendant quelque chose de mal, ou en tenant de vains propos. Personne ne se permettra de raconter aux autres tout ce qu'il aura vu ou entendu hors du monastère, car ce pourrait être une cause de très grands ravages. Et, si quelqu'un osait le faire, il serait soumis à la correction régulière. De même sera soumis à cette correction celui qui se permettrait de sortir de l'enceinte du monastère, ou d'aller où que ce soit, ou d'entreprendre quoi que ce soit, même de peu d'importance, sans l'autorisation de l'abbé.

68
SI L'ON ENJOINT À UN FRÈRE DES CHOSES IMPOSSIBLES

S'il arrive qu'on commande à un frère des choses difficiles ou même impossibles, il commencera par accueillir en toute douceur et obéissance l'ordre qui lui est donné. Cependant, s'il voit que le poids du fardeau excède totalement la mesure de ses forces, il exposera au supérieur, avec patience et au moment opportun, les motifs pour lesquels il ne peut pas exécuter cet ordre ; et ceci, sans manifester ni orgueil, ni résistance, ni contestation. Si, après avoir entendu ces remarques, le supérieur persiste dans sa décision et maintient l'ordre donné, le subordonné saura que la chose lui est avantageuse ; alors, mû par la charité et confiant dans l'aide de Dieu, qu'il obéisse.

69
QUE NUL DANS LE MONASTÈRE NE SE PERMETTE D'EN DÉFENDRE UN AUTRE

Il faut veiller à ce que nul, dans le monastère, en quelque circonstance que ce soit, ne se permette d'en défendre un autre et de se constituer comme son protecteur, même s'ils sont unis par quelque lien de parenté. Cela ne sera jamais permis aux moines d'aucune manière, car il peut en résulter de très graves occasions de désordres. Si quelqu'un transgresse cette défense, on devra le châtier très sévèrement.

70
QUE NUL NE SE PERMETTE D'EN FRAPPER D'AUTRES DE FAÇON DÉSORDONNÉE

Il faut éviter, dans le monastère, toute occasion de présomption ; aussi établissons-nous qu'il ne sera permis à personne d'excommunier ni de frapper l'un de ses frères, à moins qu'il n'en ait reçu pouvoir de l'abbé. Ceux qui commettent des fautes seront repris en présence de tous, afin que les autres en conçoivent de la crainte. Pour ce qui est des enfants, ils seront sous la surveillance et la garde de tous, jusqu'à ce qu'ils aient atteint leur quinzième année ; cette vigilance s'exercera avec mesure et intelligence. Quant à celui qui se permettrait sans l'ordre de l'abbé, de s'en prendre à des frères plus âgés, ou qui s'emporterait sans discrétion contre des enfants, il serait soumis à la discipline régulière, car il est écrit : *Ce que tu ne veux pas qu'on te fasse, ne le fais pas à autrui.*

71

QUE LES FRÈRES S'OBÉISSENT MUTUELLEMENT

Ce n'est pas seulement à l'abbé que tous doivent rendre le bien de l'obéissance ; il faut encore que les frères s'obéissent les uns aux autres, convaincus que c'est par cette voie de l'obéissance qu'ils iront à Dieu. Ils placeront avant tout les ordres de l'abbé et des officiers qu'il a établis, et à ces ordres nous ne permettons pas de préférer des directives d'origine privée. Pour le reste, tous les jeunes obéiront à leurs anciens, en toute charité et empressement. S'il se rencontre quelqu'un qui soit enclin à contester, qu'il soit réprimandé. Lorsqu'un frère est repris par l'abbé ou par un supérieur, quel qu'il soit, même pour un motif sans gravité, et qu'il s'aperçoit que l'esprit de ce supérieur est irrité contre lui, ou ému si peu que ce soit, il se prosternera aussitôt et sans hésiter, et fera satisfaction, étendu à ses pieds, jusqu'à ce que la bénédiction accordée ait fait connaître que l'émotion est apaisée. Si quelqu'un dédaigne d'agir ainsi, il subira un châtiment corporel, ou bien, s'il s'obstine, on l'expulsera du monastère.

72

LE BON ZÈLE QUE DOIVENT AVOIR LES MOINES

De même qu'il y a un zèle mauvais et amer qui sépare de Dieu et conduit à l'enfer, de même, il y a un bon zèle qui sépare des vices et conduit à Dieu et à la vie éternelle. Que les moines s'exercent donc à ce zèle avec un amour très ardent : qu'ils se préviennent d'honneur les uns les autres ; qu'ils supportent avec une grande patience leurs infirmités, soit physiques, soit morales ; qu'ils s'obéissent à l'envi les uns aux autres ; que nul ne cherche ce qu'il juge devoir lui être avantageux, mais plutôt ce qui l'est aux autres ; qu'ils acquittent d'un cœur pur la dette de la charité fraternelle ; qu'ils craignent Dieu par amour ; qu'ils aiment leur abbé d'une affection humble et sincère ; qu'ils ne préfèrent absolument rien au Christ ; que celui-ci nous fasse parvenir tous ensemble à la vie éternelle.

73

TOUTE LA PRATIQUE DE LA JUSTICE N'EST PAS CONTENUE DANS CETTE RÈGLE

Si nous avons écrit cette Règle, c'est pour qu'en l'observant dans les monastères, nous fassions preuve au moins d'une certaine rectitude morale et d'un commencement de vie monastique. Au reste, pour celui qui se hâte vers la vie parfaite, il y a les enseignements des saints Pères, dont la mise en pratique conduit l'homme aux sommets de la perfection. Quelle est en effet la page, quelle est la parole d'autorité divine de l'Ancien et du Nouveau Testament, qui ne soit une norme très juste pour la conduite de la vie humaine ? Ou encore, quel est le livre de nos saints Pères dans la foi catholique qui ne nous enseigne le droit chemin pour parvenir à notre Créateur ? En outre, les *Conférences* des Pères, leurs *Institutions* et leurs *Vies*, comme aussi la Règle de notre Père saint Basile, que sont-elles d'autre sinon les instruments des vertus pour des moines de sainte vie et obéissants ? Mais pour nous, paresseux, de vie médiocre et négligents, il y a de quoi rougir de confusion. Toi donc qui te hâtes vers la patrie céleste, qui que tu sois, applique-toi d'abord, avec l'aide du Christ, à suivre cette très modeste Règle, écrite pour les débutants. Et alors, à ces grandes choses que nous venons de rappeler, à ces sommets de doctrine et de vertus, avec la protection de Dieu, tu parviendras.

Copyright © 2020 par FV Éditions
Couverture : *Saint Benoît de Nursie* par Alessandro Turchi.
ISBN - Ebook : 979-10-299-0903-0
ISBN - Broché : 9798644703166
ISBN - Relié : 979-10-299-0904-7
Tous Droits Réservés

Également disponible

www.ingramcontent.com/pod-product-compliance
Lightning Source LLC
LaVergne TN
LVHW042248070526
838201LV00089B/73